우리는 반쪽짜리 인간이었습니다.
우리는 함께 있을 때 비로소 완전한 인간이 되었습니다.
사랑조차, 우리 두 사람 사이를 비집고 들어올 수 없었습니다.
_존 레논

인연이란, 인내를 가지고 공과 시간을 들여야
비로소 향기로운 꽃을 피우는 한 포기 난초이다.
_헤르만 헤세

상처받지 않는
관계의 비밀

상처받지 않는
관계의 비밀

펴낸날 2023년 7월 30일 1판 1쇄

지은이_최리나
펴낸이_김영선
편집주간_이교숙
책임교정_정아영
교정교열_나지원, 이라야
경영지원_최은정
일러스트_ 연은미, 천윤미
디자인_바이텍스트
마케팅_신용천

펴낸곳 (주)다빈치하우스-미디어숲
주소 경기도 고양시 덕양구 청초로 66 덕은리버워크지산 B동 2007호~2009호
전화 (02) 323-7234
팩스 (02) 323-0253
홈페이지 www.mfbook.co.kr
이메일 dhhard@naver.com (원고투고)
출판등록번호 제 2-2767호

값 18,800원
ISBN 979-11-5874-195-2 (03190)

웹툰으로 알려주는 인간관계 심리 처방전

상처받지 않는 관계의 비밀

최리나 글 · 연은미 그림 · 천윤미 일러스트

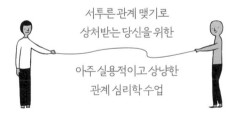

서투른 관계 맺기로
상처받는 당신을 위한

아주 실용적이고 상냥한
관계 심리학 수업

미디어숲

관계에 관한 책을 쓰고 있던 참이었다. 글쓰기 책을 쓰다 보니 말하기 책을 쓰지 않을 수 없었고, 말하기 책을 쓰고 나니, 모든 것은 관계라는 사실을 깨달았다. 삶은 관계의 연속이고, 관계로 인해 때로 기쁘고 자주 힘들다.

『상처받지 않는 관계의 비밀』을 단숨에 읽었다. 친절한 처방전과 웹툰이 곁들여져 재미있게 술술 읽힌다. 특히 가족, 연인, 배우자 등 가까워서 더 힘든 관계에 대한 저자의 통찰력 있는 해법 제시는 고개를 절로 끄덕이게 한다. 많이 배우고 깊이 공감했다. 무엇보다 나를 돌아보는 시간이 됐다. 내 안에 강박성, 의존성, 회피성 인격이 자리하고 있다는 사실을 알게 된 건 충격이었다. 아울러 아들과의 관계가 데면데면한 원인, 아내와 비교적 잘 지낼 수 있었던 이유를 알게 된 것도 큰 소득이었다. 다만, 내가 쓰려던 내용이 이미 쓰여 있어 아쉽고 섭섭하다. 부디 이 책을 집어 든 당신이 좀 더 나다운 사람으로, 상처받지 않는 관계에 한 발짝 더 다가서기를 기원한다.

- 『대통령의 글쓰기』 저자 강원국

예전에 제 책에 이런 글을 실은 적이 있습니다.

'정성을 들인 음식은 혀가 반드시 알아채듯 정성을 들인 글은 가슴이 반드시 알아챕니다.'라는 글귀입니다.

책을 펼치는 순간 색다른 방식으로 집필된 책을 보면서 인간관계로 캄캄한 터널 안을 헤매는 독자를 위해 저자가 이 책에 정성을 한가득 쏟았다는 걸 느꼈습니다. 제가 일하면서 가장 힘든 건 자료를 찾거나 콘텐츠를 개발하는 것이 아닌, 바로 함께 일하는 사람과 뜻하지 않게 부딪힐 때가 아닌가 싶습니다.

이 책은 관계로 힘들어하는 모든 이에게 명쾌한 처방을 내려줍니다. 얽히고설킨 인간관계를 말끔하게 해결하고 싶은가요? 상대방에게 어떻게 말하고 행동하는 게 좋을지 고민하며 망설이나요? 타인으로 인해 자꾸 상처받는 나 자신을 현명하게 지키고 싶은가요? 『상처받지 않는 관계의 비밀』안에 그 관계의 문을 여는 열쇠 꾸러미가 들어있습니다. 독자가 한 단계 한 단계 실천할 수 있도록 단계별, 유형별 가이드도 알려주어 당신의 사람 관계의 기틀을 튼실히 세워줄 겁니다.

관계에서 빚어진 상처를 어루만지고 묵은 가슴앓이를 풀어드리는 열쇠가 될 것입니다.

- 『팔지 마라 사게 하라』 저자, 엠제이 소비자연구소 대표 장문정

책을 읽을 때 한 번 읽고 마는 책이 있고, 곁에 두고 자주 보게 되는 책이 있다. 내게 있어 『상처받지 않는 관계의 비밀』은 후자가 될 것 같다. 왜냐면 이 책은 그 어떤 심리 서적보다 쉬우면서도 인사이트가 있고, 또 미시적이면서도 거시적인 책이니까.

책의 면면을 들여다보며 내 안의 자아와 이야기할 수 있고, 수많은 사례 속에 나를 투영해 보면서 가족 안의 나, 그리고 사회 속에서의 나를 전지적 작가 시점으로 바라보게 된다. 그렇게 때로는 작게, 때로는 크게 한 페이지 한 페이지 넘기다 보면 자연스레 내 안의 아픔은 사라지고, 내 안의 희망들은 싹을 틔우게 된다. 많은 독자에게 과거를 뒤돌아보면서도 앞으로 나아가게 만드는 힘을 주는, 단단하면서도 반짝거리는 책이 될 거라 확신한다.

- 『당신이 있어 참 좋다』 저자, KBS 드라마 PD 최윤석

관계의 상처를 치유하기 위해 알아야 할 건, 지금 내 안에 있는 마음이다

책에 대한 기대감을 부풀려 줄 확신을 늘어놓아야 하나 망설이다가 나답게 솔직하게 표현하련다. 인간관계에 관한 다른 책과 차별성이 있다면, 두 번의 평범치 않은 이혼과 세 번의 결혼으로 굴곡 많은 인생을 살아온, 한 심리상담사가 집필했다는 점이다. 뻔하지 않게 전하고자 실제 상담사례와 저자의 경험에서 얻은 성찰과 통찰을 고이 담았다. 검증된 관계 해소법도 다정하게 처방전으로 실었다. 내가 돌부리가 그득한 길을 걸어왔기에, 부디 이 책을 집어 든 당신만큼은 지혜롭게 관계를 맺고 고운 두 발을 간직하길 바란다.

상담사례 이용에 동의해주신 내담자분과 지인들, 원고를 쓰는 동안 배려해준 남편 김 작가에게 감사와 사랑을 보낸다.

- 심리상담사, 작가 최리나

내가 이 책에서 찾은 주요 키워드는 '사랑'과 '나다움'이다. 사랑의 주체는 '나'이다. 나와 관계를 잘 맺어야 타인과도 지혜롭게 관계를 맺을 수 있다. 책 작업을 함께 하면서 나는 타인과 관계 맺는 방식과 그들의 심리를 들여다보게 되었고, 사람을 이해하는 폭이 넓어졌다. 내 세계가 풍요로워지면 서로가 연결된 우리의 세계가 더욱 튼튼하고 아름다워질 것이라 믿는다. 여러분의 세계를 사랑과 따뜻함으로 채우는 데 이 책이 도움이 되었으면 좋겠다.

- 작가 연은미

이 책에는 여러 사람의 에피소드가 담겨있다. 다양한 사례를 보며 나와 내게서 비롯된 모든 관계를 전보다 객관적으로 들여다보게 되었다. 그리고 물음표로만 남았던 일을 처방전에 비추어 보며 놓쳤던 것을 깨달았다. 수많은 관계 속에서 어려웠을 나와 당신을 생각하며 각 파트, 마지막 한 줄과 함께한 그림에 내 마음을 담아본다. 이 책이, 지금 그리고 앞으로 맺어갈 우리 관계의 건강한 처방이 되기를 진심으로 바란다.

- 작가 천윤미

차례

Chapter 1

남 그리고 여, '사랑'이라는 가면을 쓴 그들의 불안과 우울

날 그대로 수용해주는 사람이 나를 아껴주는 사람이다.
말하지 않으면 그 누구도 내 속마음을 알지 못한다.
건전한 남녀관계란, 나와 상대의 만족이 서로 적절히 채워지는 관계이다.

Chapter 1

남 그리고 여,
'사랑'이라는 가면을 쓴
그들의 불안과 우울

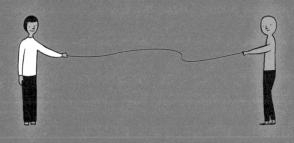

다양한 인격들의 좌충우돌, 사랑
: 연인 관계

"내가 언제 판단해달래? 나도 그쯤은 생각할 줄 알거든. 속상
하니까 당신한테 하소연하는 거잖아."

"그러면 이 상황이 나아져? 계속 그런다고 뭐가 달라지냐고,
문제를 해결해야 할 거 아니야. 어우, 답답하다, 답답해!"

이 대화, 어쩐지 익숙하지 않은가? 나도, 당신도 살면서 이성
과 이런 대화를 한 번쯤은 나눠본 경험이 있기에 기시감을 느낄
것이다. 남녀 차이를 마냥 '이해해'라는 말로 욱여넣기에는 우리
의 이해심에 한계가 있다. 이해하는 데 요구되는 인내심에도 총
량이 있기 때문이다. 이렇게 끝 간 데 없이 남녀 문제가 발생하

자 여러 학자가 남녀의 뇌와 생물학적 차이를 연구하기 시작했다. 태생부터 다르기에 사고방식의 차이에서 생기는 갈등일 거라 여긴 모양이다. 하지만 이건 단지 남녀의 생물학적 문제는 아니라는 게 입증되었다. 세상의 모든 남녀가 똑같은 갈등을 겪는 건 아니기 때문이다.

그렇다면 도대체 무엇이 문제일까? 분명한 건 이런 대화는 친구 간이 아닌 유독 사랑하는 사이에서 늘 일어난다는 것이다. 고개를 갸우뚱거릴 때쯤 심리상담사이자 작가인 게리 채프만의 묵직한 한마디가 뇌리를 스쳤다.

'사람마다 제1의 사랑의 언어는 달라서, 서로 사랑하고 있음에도 상대가 사랑을 알지 못할 수 있다.'

이것이다. 우리는 나의 연인을, 배우자를 지극히 사랑한다. 하지만 서로에게 필요한 사랑의 언어가 무엇인지 모른다. 당신은 사랑하는 이가 가장 중요시하는 사랑의 언어를 알고 있는가? 아니 그에 앞서 당신이 행하는 사랑의 언어는 무엇인지 제대로 알고 있는지 묻고 싶다. 짐작보다 우리는 사랑법에 미지하다. 남녀

간의 사랑을 단순히 인간의 본능이나 욕망쯤으로 여긴다면, 그 사랑을 지속하기는 어렵다.

사랑은 날 낮추고, 내 몸짓과 말속에 스며들게 하는 '기술'이다. 하나 정작 우리는 그 어떤 곳에서도 올바르게 사랑하는 기술을 배운 적이 없다.

당신의 사랑은 어떤 모습인가?

첫 번째 챕터는 미숙한 사랑 때문에 상처받아 울부짖고 눈물을 흘리며 불면의 밤을 새웠던 우리를 위해 준비했다. 그중에서도 인간에게 있는 10가지 인격 중 가장 빈번히 볼 수 있는 다섯 가지 인격별 사랑 관계에 방점을 두었다.

현재 '사랑 중'인 우리는 상대와 사랑에 서툴러서 저지르는 무수한 시행착오로, 반짝이는 하루 대신 너절한 일상을 보내고 있다. 우리의 저변에 깔려있던 무지無知를 깨치면, 사랑하는 이로 인한 근심은 요원해질 것이다.

실제 사례와 자료, 논문을 바탕으로 집필한 이 책을 통해 얻은 지식을 머리에 쌓아두는 것으로 그치지 않았으면 한다. 당연한 말이라며 흘려버리지 말고 몸소 행동해 보자. 모든 에피소드마다 적어놓은 처방전이 당신이 하는 말과 행동, 그리고 마음속에 녹아든다면 이번에야말로 나 자신이 누구인지 마주하고, 상대는 어떤 사람인지 살피는 절호의 기회가 될 것이다.

한 번에 잘하지 못하더라도 괜찮다. 적어도 이런 애씀이 나와 내 사랑을 엉망으로 만들진 않을 테니까. 결국에는 상대를 향한 피땀 어린 노력이 정오의 빛처럼 당신의 사랑을 찬란하게 비추어 줄 것이다.

Episode 1 **당신하고 헤어지면 죽을 것 같아**

까똑

나 민석이 좀
만나러
가야 할 것 같아.

뭐…?
그럼 난
어쩌고?

미안.
급한 일이래.

저녁에
전화할게.
쏘리~

우리가 연인인 것도 맞고
그가 날 사랑하는 것도 아는데

확인하지 않으면
난 왜 불안하지?

불안정한 감정이 만든
경계성 인격과의 사랑

 세상에 존재하는 모든 연인이나 부부는 어느 위치에서 서로를 바라보느냐에 따라 원수처럼 싸웠다가 다시 언제 그랬냐는 듯 사랑이 넘실거린다. 아무리 불꽃이 튀어 사랑에 빠졌다 해도 살아온 환경이 다른 두 사람이 만났으니, 삐거덕대는 소리가 나는 건 자연스러운 현상이다. 하지만 반복되는 골치 아픈 문제도 서로의 인격을 살피고 이해하기 시작하면 두루마리 휴지처럼 술술 풀어나갈 수 있다.

 모든 인간은 하나가 아닌 몇 가지 다채로운 인격의 조합으로 이루어진다. 그중 제일 큰 비중을 차지하는 인격을 '제1의 인격'

이라고 부른다. 당신은 나와 상대의 제1의 인격이 무엇인지 알고 있는가?

지금부터는 여러 다채로운 인격 중 첫 번째로 '**경계성 인격**'을 소개하겠다.

'정말 나 사랑해?' 말투가 조금만 달라져도 불안해요

보현은 정수와 교제한 지 5년이 지나 결혼했다. 오랜 연애 기간을 거쳤음에도 보현은 시시때때로 정수에게 "자기야, 나 사랑해?"라며 사랑을 재차 확인했다. 서로를 향한 믿음도 느꼈고, 정수와의 사이에 특별한 문제가 없는데도 괜스레 불안해지곤 한다. 교제하는 내내 상대방의 사랑이 한결같은지 노심초사하고 확인받길 원한다.

> "저도 제가 왜 이런지 모르겠는데요, 자꾸 남편에게 저에 대한 사랑을 확인하고 싶어요. '혹시 사랑보다는 5년이라는 시간 동안 쌓인 정에 이끌려서 결혼한 건 아닐까?' 싶은 의구심도 늘고, '날 두고 바람이라도 피면 어쩌지?' 하는 쓸데없는 불안감도 가끔 일어요. 요새는 외도가 너무 흔하잖아요."

과거 필자의 제1 인격이 경계성 인격이었다. 대학생 시절 남자 친구가 '우리 헤어져!'라며 이별을 선포하면 순식간에 하늘이 샛노랗게 변했고, 시계 초침이 뚝 하고 멈춰서는 듯했다. 정신은 아득해지고 심장이 곧 멎을 것만 같았다. 그렇기에 과거 나의 인격과 유사한 보현을 상담하면서, 고개가 저절로 끄덕여졌다.

배우자에 대한 보현의 불안감은 그녀의 불우한 양육환경에 의해 비롯된 것이다. 보현은 어린 시절 부모님께 많은 사랑을 받지 못했다. 부모님의 사이도 좋지 않았을뿐더러, 그녀의 부모는 자신의 감정에만 충실한 사람들이었다. 미숙한 부모는 부부 사이에서 일어나는 스트레스를 딸인 보현에게 해소했다. 그녀는 고래 싸움에 낀 새우마냥 관계가 원만치 않은 부모 사이에 놓여, 언제 터질지 모르는 시한폭탄을 품은 사람처럼 불안정한 심리상태로 자랐다.

'경계성 인격'은 부모에게 충분한 사랑을 받지 못해 언제든 버려질지도 모른다는 불안에 떨며 자란 사람에게 나타나는 인격이다. 이 인격은 어릴 적 부모와 떨어져 오랜 기간 혼자 있는 경험을 겪은 사람에게서도 나타난다. 이들은 유년기 결핍된 사랑을 겪은 탓에 밑 빠진 항아리에 물을 부어대는 것처럼 늘 사랑에 목마르다.

또한 **온전한 부모의 사랑을 받아본 경험이 없기에 '사랑'에 대**

해 평소 불안정한 감정이 내재한다. 결국 불안한 관계의 원인은 상대방이 아닌 자신의 어린 시절에 있는 것이다. 보현 역시 어린 시절 부모로부터 안정적인 사랑을 받은 기억이 없기에 생긴 '경계성 인격'을 갖게 되었다.

버림받을지 모른다는 불안이 만든 경계성 인격

경계성 인격의 소유자와 연애를 한다면 특히 바쁠 때 더욱 신경을 써서 애정 표현을 해줘야 한다. 어떤 관계든 안 좋을 때 문제가 일어나는 법이지만, 특히 경계성 인격의 경우 상대가 바쁘고 지쳐 연락이 늦어지면 불안감을 느끼고, 최악의 경우 극단적인 행동에 이를 수 있다. 가령, 상대방이 바빠 연락이 잠시 끊긴 경우, 버림받은 것일지도 모른다는 과대망상에 빠져 비관적 사고를 할 수 있고, 이러한 감정이 지속되면 우울증으로 자해를 할 수도 있다. 또는 상처를 받을까 두려워 지레 겁을 먹고 먼저 관계를 끊어버리기도 한다. 둘 사이의 기운이 예전 같지 않다면, 관계 개선에 힘쓰는 게 아닌 자신에게 잘해주는 다른 누군가에게로 홀연히 환승 연애를 할 수도 있다.

경계성 인격인 사람이 '자신을 사랑하냐'고 묻는다면, 그의 눈을 지그시 바라보고 진심을 담아 사랑한다고 표현해주어야 한다. 손을 잡거나 안아주는 등 안도감을 느낄 수 있는 다정한 스킨십을 전한다면 이들의 불안감은 단박에 해소된다. 때로는 '왜 자꾸 확인하려 하는지'를 진지하게 물어봐도 좋다. 남녀관계에서 서로를 알기 위한 깊이 있는 대화는 상대에 대한 이해와 사랑을 키울 수 있는 현명한 방법이다.

그렇다면 경계성 인격을 지닌 사람과의 사랑에선 이렇게 끊임 없이 사랑을 주기만 하면 되는 걸까?

경계성 인격의 자신을 들여다보는 'self-love' 사랑법

누구나 아는 이야기지만 일방적인 관계는 결코 오래갈 수 없다. 모든 관계는 쌍방의 노고가 깃들 때 비로소 빛을 발하기 마련이다. 그저 상대방에게 사랑만 갈구할 것이 아니라 경계성 인격의 소유자 본인도 상대방으로부터 자신을 자립시키는 것이 중요하다. 만남이 있으면 헤어짐이 있다. 경계성 인격은 만남의 유한성을 인정해야 한다. 또한 자기 자신에게 좀 더 집중하고 자신을 사랑해주며, 혼자만의 시간이 절실히 필요하다. 주기적으로 혼자만의 시간을 갖게 되면 자신에 대해 고찰해 볼 수도 있고, 관계에서 상대방에게 애정을 갈구하거나 사랑을 확인하는 태도도 점차 사그라들게 된다.

오랜 시간 동안 형성된 인격이라서 바꾸기 힘들다고 생각하는 가? 서두에 밝힌 대로 나의 첫 번째 인격이 바로 '경계성 인격'이었다. 하지만 현재 필자는 사랑에 꽤 균형을 잡아가고 있고 혼자 있는 시간도 마음껏 즐긴다. 사랑을 갈구하던 제1의 인격이 서서히 걷히기까지 약 3년이라는 시간이 걸렸다. 평소 사고와 행동 습관을 개선하고자 노력한다면 당신의 인격은 얼마든지 바뀔 수 있다. 그러려면 제일 먼저, 나는 어떤 인격의 소유자인지 아는 것이 중요하다. 첨부한 체크리스트와 처방전을 읽고 실천해 보자. 자기 스스로에 대한 탐구와 실행 끝에 긍정과 사랑이 충만해진 자신을 만나게 될 것이다.

자신의 삶에서 독립적인 개체로서 우뚝 설 때,

경계성 인격은 비로소 건강하고 대등한 사랑을 할 수 있다.

서로에 대한 이해가 수반된, 단단해진 두 사람이 함께 심는

'사랑의 나무'는 더욱 뿌리 깊어지는 법이다.

뿌리 깊은 사랑을 하자, 따로 그리고 함께.

튼튼한 두 발로 용감하게 홀로서기

* 자신의 진짜 속마음을 감추지 말고, 솔직히 말하는 연습을 하자.
  이를테면, "당신이 내게 소홀해져서 마음이 불안해."라고 말하는 것
  이다. 내 감정을 드러내고 인정하는 것이 중요하다.
* 경계성 인격은 부정적인 면을 먼저 찾는다. 앞으로는 어떤 것이든 장점
  을 찾아보는 연습을 해야 한다. 매일 다이어리에 나의 장점을 적어본
  다. (이때, 능력보다는 타고난 성향이나 관계 중심으로 장점을 찾아본다)
* 연인이라면 연애일지, 부부라면 부부생활일지를 적으며 오늘 하루
  관계에서 느낀 사소한 기쁨을 기록한다.
* 힘들어도 절대 술이나 약에 의존하지 않도록 한다. 힘들면 전문가를
  찾아가 심리상담을 받는 것 또한 도움이 된다.
* 매일 자기 전에 자기 자신을 3초간 감싸 안아주며 이렇게 속삭이자.
  "나는 나를 사랑해, 나는 소중해."
* 경계성 인격은 긍정적 사고와 자신을 사랑하는 마음이 절대적으
  로 필요하다. 하루를 나 자신에 관한 독서나 긍정 확언을 읽으며
  시작해 보자.

당신만 좋다면 난 뭐든 괜찮아

나 털 알레르기 있는데 어떡하지…?

음…

여보세요?

왜, 안 되겠어?

예전에 털 알레르기 있다고 분명히 말했는데…

잊어버렸나 보네.

알겠어.

일 천천히 봐. 그런데 똘이 산책은 어디로 가야 돼?

건배!

그냥 집 근처 아무 공원이나 가면 되지.

갈 때 배변봉투 꼭 챙겨가고. 고마워.

…우리 서로 사랑하는 사이인 걸까?

'착함'을 강요받은
의존성 인격과의 사랑

주변을 돌아보면 이것도 저것도 '뭐든 다 좋아'라는 사람을 쉽게 찾아볼 수 있다. 다수를 위해 가끔 자신의 의견을 감추는 이와는 달리 이들은 매사 '난 괜찮아'를 나직이 읊조리며 자기 정체성을 내려놓는다. 이 태도는 남녀관계에서도 여과 없이 드러나며 심지어 위험한 상황을 초래하기도 한다. 두 번째 소개할 인격 유형은 **'의존성 인격'**이다.

나 하나만 참으면 모두가 행복한걸요

준희와 재현은 연애 3년 차 커플이다. 겉으로는 마냥 좋아 보이는 이 커플에게는 보일 듯 보이지 않는 문제가 있었다. 바로 준희가 자신을 지나치게 희생하며 재현에게 맞추는 것이다. 처음에는 연인에 대한 사랑이자 배려라고 여겼으나, 그 수위가 점점 높아지자 준희는 관계에 질질 끌려가고 있었다. 이를 지켜보던 룸메이트, 윤미가 그녀에게 일침을 놓았다.

> "야, 네가 무슨 운전기사야? 네 남친이 얼마나 대단하다고 거기까지 오밤중에 나가는 건데! 적당해야지 원, 남친한테 택시 타라 그래. 왜 그 말도 못 하고 전화 받자마자 또 새벽 2시에 쪼르르 모시러 가냐?"

늦은 밤, 술에 취한 준희의 남친은 택시가 잘 안 잡히니 데려다 달라며 전화를 했다. 남친의 전화를 받자마자 자동차 키를 들고 튀어 나가려는 준희를 뜯어말리며 윤미가 열불을 냈다.

> "택시가 잘 안 잡힌다잖아. 내일 출근도 해야 하는 사람인데 어떡해. 그냥 차 있는 내가 가서 데려다주면 안전하고 빠르니까…."

준희가 윤미의 눈치를 슬금슬금 보며 문 쪽으로 다가서자 윤미는 그녀를 붙잡고 채근했다.

"이게 한두 번이냐고! 다 큰 성인이 왜 그러는데? 네가 재현씨 여자 친구지 대기조 운전기사니? 너는 내일 출근 안 해? 야근 하고 와서 내일 출근하는 여친한테 데리러 와달라고 하는 게 남자 친구가 할 행동이야? 부부도 이러는 건 아니지."

준희는 사랑하는 사람의 부탁을 거절하는 게 참으로 어렵다. 아무리 선을 넘는 요구를 해도 사랑이라는 이유로 마다하지 않는다.

우리 주변을 보면 이런 커플이 종종 있다. 이들은 사랑하는 사람 혹은 상대방의 편이나 행복을 위해 자신을 무조건 희생시킨다. 아니, '희생'이라는 고결한 어휘 아래 자신을 한없이 상대에게 허용한다. 그 사이 나의 취향, 기호, 의사는 온데간데없이 사라지고 없다. 처음에는 배려로 시작된 행위가 시간이 흐르면서 점차 마땅히 해야 할 행위로 굳어지는 것이다.

사람은 누구나 관계의 흐름에 익숙해진다. 상대방이 일방적인 사랑에 친숙해지면, 그땐 거절할 기회조차 잃게 된다. 이 관계를 유지하기 위해선 끝까지 한쪽이 묵언수행으로 감수해야만 한다. 이런 유형이 바로 '의존성 인격'이다.

의존성 인격은 이래도 저래도 '나는 괜찮아'라는 한마디로 자신의 의견을 일축하며, 상대의 눈치와 주변 분위기를 맞추는 사람을 일컫는다. 의존성 인격은 크고 작은 집단, 남녀관계 심지어 가족 사이에서도 한결같이 상대방의 비위를 맞춘다.

이들은 어쩌다 아낌없이 주는 나무가 되어버렸을까?

강압적이거나 난폭한 부모에게서 자란 의존성 인격

의존성 인격을 가진 이들이 자라온 환경을 보면 강압적인 부모가 많다. **난폭한 부모에 의해 육체적, 신체적으로 지배를 받으며 자란 사람들은 주변 사람에게 많이 의존한다. 또한, '착한 아이' 소리를 들으며 부모의 뜻에 따라 고분고분 자란 사람에게서도 발현된다.**

'착한 아이 콤플렉스'라는 용어를 한 번쯤은 들어봤을 것이다. 착한 아이 콤플렉스를 가진 아이는 부모의 말에 복종하고, 부모가 설계한 방향대로 살아왔기에 무언가 자기주장을 내세우는 게 이기적인 것 같아 편치 않다. 사회와 어른이 제시하는 가치관에 부합하는 착한 아이로 성장하면서 하나의 인간으로서 개성화 의지를 상실해버린 것이다.

의존성 인격은 상대의 표정과 반응에도 민감하다. 이들은 희생을 감수하더라도 상대방이 좋은 게 차라리 마음 편하다. 상대의 취향이나 의사를 맞춰주는 것이 모두를 위한 행복이자 나의 기쁨이라고 여기며 실아온 의존성 인격은 자칫 이 성향을 간파한 상대에 따라 인생이 휘둘릴 수도 있다. 온갖 부당한 요구를 하는 간악한 사람을 연인으로 만날 수도 있는 세상이다. 그러니 지금부터 단단히 마음먹고 자신을 지키도록 하자. 내가 나로서 우뚝 서야 올바른 사랑도 할 수 있다.

의존성 인격의 조약돌 사랑법

의존성 인격이 올바른 남녀관계를 맺고 조약돌처럼 단단한 내면을 만들어 누군가에게 기대지 않기 위해서는 네 가지를 명심하고 지키면 된다.

첫 번째, 상대방보다는 자신의 감정에 귀 기울이고 타인 앞에서 솔직할 필요가 있다. 이들은 연인이나 배우자의 감정을 자신에게 이입시키며 내 감정이라고 손쉽게 착각한다. 나와 타인의 감정을 분별하고, 내 욕구를 알기 위해서는 내가 누구인지 아는 과정이 필수이다. 또한 싫을 때 당당하게 거절할 줄도 알아야 한다.

두 번째, 다이어리를 적어보자. 하루 중 나만을 위한 시간을 가지고 내가 오늘 기분이 어떠하며, 무엇을 하고 싶은지 자신의 상태에 대해 적어본다. 이는 나 자신을 보다 섬세하게 알아가는 과정이다. 내 감정을 읽고, 나에게 오롯이 충실한 시간을 가져야만 타인에게 휘둘리지 않는 단단한 중심이 생긴다.

세 번째, 내가 바라는 걸 연인이나 배우자에게 말하는 연습을 해 본다. 오늘부터 나에 대해 하나씩 드러내 보는 것이다. 예를 들어, 원래 매운 음식을 잘 못 먹는다고, 비 오는 날엔 밖에 나가기 싫다고 말이다.

마지막으로, 거절을 연습해 본다. 먼저 거울을 보고 표정 관리부터 연습하자. 몇 번 연습해 보면 거절하는 상황이 자연스러워질 것이다. 그런 뒤 상대를 보고 거절을 한다. 처음이 어렵지, 두 번은 쉽다. 그리고 반드시 명심해야 할 것은 상대에게 거절을 한다고 해서 관계가 어그러지거나 나빠지지는 않는다는 것이다.

나를 진심으로 사랑하는 사람은 내 거절도 존중해줄 수 있는 사람이라는 사실을 잊지 말았으면 한다. **날 그대로 수용해주는 사람이 나를 아껴주는 사람이다. 말하지 않으면 그 누구도 내 속마음을 알지 못한다. 건전한 남녀관계란, 나와 상대의 만족이 서로 적절히 채워지는 관계이다.**

내 의사를 솔직하게 표현하는 건,
'나'라는 사람에 대한 예의이자
진정한 사랑을 찾아가는 과정이다.

의존성 인격 처방법

자신 있게 'NO'라고 외치기

* 거울을 보며 거절하는 연습을 한다.

* 거절은 당연한 나의 권리이고 살면서 꼭 필요하다는 사실을 각인하자.

* 상대가 불합리한 걸 강요하거나 억지를 부리면 뿌리쳐야 한다.

* 눈치가 빠른 건 당신의 장점이다. 그 장점을 늘 상대의 기분 살피는 데 쓰지 말고 자기 자신의 마음을 돌보는 데에 쓰자.

* 매일 나에게 생긴 일에 대한 감정과 생각을 적어보도록 한다.

* 의존성 인격은 자신의 감정을 과도하게 절제하고 외면한다.

* 내 삶이 행복하기 위해선 나 자신부터 행복해야 한다는 진리를 절대 잊지 말고 자기 자신을 부당한 관계로부터 지켜내자.

* 사랑하는 이가 내 인생에서 차지하는 비율이 50% 미만이 되도록 생각을 전환한다. 즉, 상대방의 감정을 절반 정도만 염두에 두고, 나머지 에너지는 나의 마음 상태를 들여다보는 데 사용한다.

* 일상에서 선택지가 주어질 때 자신의 의사를 소신껏 말하도록 한다. 식사 메뉴를 선택하는 등 사소한 것부터 시작해 보자.

* 연애 초반과 비교해 언행이 달라지는 상대는 냉정하게 살펴본다.

* 내 자신을 소중히 여기자. 남녀 간의 사랑은 서로의 노력이 필요하다. 남녀관계에서 일방적인 헌신은 건강한 사랑의 모습이 아니다.

시간은 지키라고 있는 거잖아

완벽을 추구하는
강박성 인격과의 사랑

내 아버지는 일평생 최상의 결과를 위해 열심을 다 한 분이시다. 무슨 일이든 당신을 혹독하게 몰아붙일 뿐만 아니라 아내와 네 명의 자식에게도 본인의 기준을 들이대고, 그에 맞는 삶을 바라고 실망하길 반복하셨다. 아마 그 점이 나와 아빠의 관계가 어긋난 시발점이 아닐까 싶다.

우리나라에는 내 아버지와 같은 사람이 꽤 많다. 이런 사람들은 일종의 강박에 휩싸여 있다. 무엇이든 나름의 규칙을 세우는 걸 좋아하고 변수 속에서도 그 규칙과 기준을 사수하기 위해 발버둥 친다. 이들에게는 주변 상황이나 상대방의 감정보다 중요한 것이 '자신의 경험으로 세운 규칙과 원칙'이다. 이들이 바로

'**강박성 인격**'을 소유한 사람이다.

사랑이라는 명분으로 숨통을 조여오는 강박성 인격

결혼 14년 차 성수와 희정 부부에게는 6살, 9살인 두 자녀가 있다. 한창 예쁠 나이인 어린 자녀를 키우는 희정은 요즘 들어 근심이 한가득이다.

> "아빠가 애들을 쥐잡듯 잡아요. 저한테도 그러고요. 가만 보면 자기 자신에게 심하게 엄격하거든요. 그걸 가족한테도 강요한다니까요. 이제 겨우 6살, 9살 애들한테 왜 그리 원리 원칙을 따져가면서 훈육하는지 곁에서 지켜보는 저까지 숨통이 막힐 지경이에요. 아이들은 이제 아빠가 조금만 큰 소리를 내도 얼음처럼 굳어버려요."

성수는 완벽을 추구하고, 윤리 규범과 사회 질서를 정확히 준수하는 사람이다. 회사에서도 책임감 강하고 성실한 직원으로 인정을 받아왔다. 겉으로 보기엔 아무런 문제가 없을 것 같은 사람이지만 말썽이 생기기 시작한 것은 결혼한 뒤부터다. 자신이 추구하는 태도를 가족에게까지 강요하는 것이다. 희정은 성수와 다르게 감정선이 풍부하고 여린 사람이다. 이러니 아이들은 이성을 앞세워 판단하고 훈수를 두는 아빠보다는 마음을 헤아려주려 노력하는 엄마를 더 좋아한다.

성수처럼 원칙을 중시하고, 감성보다 이성이 발달해 결과에 집착하는 성격, 사소한 것에도 집요하게 매달리는 성격을 우리는 '강박성 인격'이라 부른다. 이런 성격을 가진 이들은 상대를 아낄수록 자신이 세운 기준을 더 강하게 밀어붙인다. 이는 사랑하는 사람이 잘 되길 바라는 허울 좋은 명분에서 나온다.

엄격한 부모에 의해 통제된 삶을 살아온 강박성 인격

성수가 자기 자신과 더불어 가족에게까지 엄격한 잣대를 놓고 다그치는 건 그가 살아온 인생의 길이 그러했기 때문이다. **강박성 인격은 윤리의식이 강한 부모의 유전적 기질과 엄격한 부모 밑에서 통제받으며 자란 환경이 큰 영향을 미친다.**

이들은 어릴 때부터 규율과 의무감으로 무장한 부모 밑에서 바르게 행동하도록 교육받았다. 예를 들어 유아시기 배변 활동을 제대로 하지 않아 엄하게 혼난 기억이 많거나, 식사 시간 엄격한 예절 교육으로 늘 호된 가르침을 받았던 어린 시절을 겪은 이들에게 강박성 인격이 주로 나타난다.

이 시기는 프로이트가 말하는 '항문기(1~3세)'로 자아에 대한 인격이 본격적으로 형성되는, 인간에게 상당히 중요한 시간이다. 따라서 이 시기에 **도덕과 명예, 타인 앞에서의 체면을 중시하는 부모하에 엄격하게 자란 사람은 강박성 인격으로 자랄 가능성이 농후하다.**

강박성 인격과 강박증은 엄연히 다른 것

사회가 정한 도리와 질서를 올곧게 지키며, 본인이 옳다는 신념이 짙은 강박성 인격자들은 자신이 당당하다고 생각하는 부분에서 일말의 타협이 없다. 상황에 따른 융통성도 찾아보기 어렵다. 한마디로 고지식하며 본인이 취하는 실리보다는 사회적 명분을 중시하는 사람이다. 살다 보면 매 순간 시계처럼 딱딱 맞춰살 수 없는 데도 이들은 최대한 그런 삶에 가깝게 사는 것을 목표로 삼는다. 또한, 원하는 결과가 나오지 않거나 계획대로 일이 진행되지 않을 때, 자신의 능력 부족으로 돌리며 자책한다.

많은 사람이 '강박'이라는 용어로 인해 청결, 정리 정돈, 줄 맞춤 등 무언가에 병적으로 집착하는 '강박증'과 '강박성 인격'을 같은 것으로 오해한다. '강박증'은 전 세계 인구의 약 2%가 앓고 있는 정신질환이다. 하지만 '강박성 인격'은 주변에서 흔히 볼 수 있는 인간의 인격 종류 중 하나이다. 통계에 의하면 강박성 인격은 여자보다는 남자에게 더 많이 나타난다. 이들은 같이 생활하기에는 피곤한 스타일이긴 하지만, 사실 사회적 관점으로는 신뢰가 가고 착실한 부류이다. 자기 일에 열정과 사명감으로 무장한 이들은 사회집단에서 단연 군계일학群鷄一鶴이다. 업무적으로 나무랄 데가 없지만 연인이나 부부로 관계를 맺게 되면 그때부터 본질적인 문제가 제대로 드러난다.

강박성 인격 그 자체를 인정하는 포용 사랑법

강박성 인격이 누군가를 사랑하게 되면 사랑의 크기만큼 상대에게 자신의 가치관에 맞는 행동을 요구한다. 서로 사랑하면 상대에게 알게 모르게 바라는 게 스멀스멀 생기지 않는가. 강박성 인격은 자신이 옳다고 여기는 부분에서 한 치의 양보가 없다. 이것이 갈등의 첫걸음이다.

당신이 강박성 인격을 지닌 사람의 연인이나 배우자가 된다면 상대가 지닌 가치관과 신념, 그리고 그 사람 자체를 그대로 인정해주는 것이 가장 중요하다.

강박성 인격은 인정욕구가 결핍되어 있다. 인정받기 위해 자신에게 더욱 채찍질하다가 현재의 완벽주의 성향에까지 도달한 것이다. 그러니 강박성 인격인 사람에게는 사랑과 인정을 확실하게 표현해줘야 한다. 하지만 서로 다른 가치관의 두 사람이 만나 사랑을 나누면서 오롯이 한쪽에서만 맞출 수는 없으므로 강박성 인격의 소유자에게 적정한 한계선을 그어주어야 한다.

성수, 희정 부부를 예로 들자면, "당신은 일에 항상 최선인 모습이 멋져요. 하지만 이제 고작 몇 년 산 아이들이 몇십 년을 산 당신 말을 한 번에 알아듣고 행동하기 어렵지 않을까요?"라고 넌지시 이야기한다. 그리고 자녀 훈육 시, 몇 번의 기회를 더 주자며 구체적인 범위를 논의해야 한다. **여기서 잊지 말아야 할 포인트는 상대를 질책하기 이전에 그를 먼저 인정해주고 대화로 협의해야 한다는 점이다. 또한, 상대방의 체면이 상하지 않도록 조심성과 예의를 보여야 한다.**

강박성 인격을 지닌 사람 역시 연인이나 배우자를 위해 배려를 해야 한다. 강박성 인격을 지닌 사람은 자신의 가치관과 기준이 절대적으로 옳다는 고집을 내려놓아야 상대와 원만한 연애혹은 결혼생활을 유지할 수 있다.

내가 존중받고 싶다면 먼저 상대를 존중하자. 이 세상 어떤 사람도 자신의 자유를 침해당하거나 고유성이 무시되는 걸 원치 않는다.

"

내가 무조건 옳다는 확신에 찬 태도를 거둬들이고
서로의 다름을 수긍하며 각자 삶의 방식을 존중하는 것,
그것이 진정한 사랑임을 이해하자.
당신은 옳다고 느끼면 바로 실천할 수 있는
강직한 사람이지 않은가.

"

강박성 인격 처방법

허술함도 하나의 매력임을 인정하자

﹡ 자신이 옳다고 믿는 신념을 타인에게 강요하지 않는다. 이는 어쩌면 강박성 인격에 있어 가장 어려운 도전일 것이다. '나와 같은 사람은 있을 수 없고, 세상에는 완벽한 사람은 존재하지 않는다'는 사실을 잊지 말자.

﹡ '내가 틀릴 수 있다'라는 생각을 머릿속에 새기고 상대의 의견을 경청하도록 한다.

﹡ 다양한 삶의 방식과 가치관을 존중하는 사고를 습관화한다.

﹡ 가장 견고한 사랑은 존중 속에서 싹트고, 그것이 지속되면 비로소 '신뢰'가 형성된다는 점을 잊지 않도록 한다.

﹡ 강박성 인격은(다른 인격보다도 특히) 같은 가치관이나 관심사를 갖고 있는 사람을 배우자로 선택하는 것이 크게 도움이 된다.

﹡ 과중한 책임감에 스트레스를 초래하는 스타일이므로 자신과 타인에게 피해가 가기 전에 평소 스트레스 관리에 힘쓴다.

﹡ 혼자서 업무, 책임이나 고민을 떠안고 스트레스를 받을 게 아니라 상대방에게도 도움을 요청하거나 분담하는 습관을 들인다.

자존감이 낮은
회피성 인격과의 사랑

사람들이 많은 모임에 가면 늘 구석에 앉아 있거나 어떠한 의견이 나와도 묵묵히 고개만 끄덕이는 사람이 있다. 바라는 점이나 불편사항을 이야기해 보라고 해도 이들은 오도카니 앉아만 있을 뿐이다. 심지어 아예 모임 자체를 꺼리기도 한다. 또한, 난감한 상황이 닥치면 당당히 맞서기보다 슬금슬금 자리를 피하는 것을 택한다. 또 혼자만의 시간을 좋아하고 많은 사람과 어울리면 기가 쭉쭉 빨려서 물에 젖은 수건 마냥 축 늘어지는 사람, 이들은 신조어로 치면 '아싸' 같은 사람이며, 인격으로는 **'회피성 인격'**을 지닌 사람이다.

나 같은 애를 왜 좋아하나요?

MZ 세대가 자기 할 말은 다 한다고 하지만 이들 모두가 자기 주장을 똑 부러지게 드러내는 것은 아니다. 통계에 따르면 타인과 대립하거나 얽히지 않고 취미생활이나 하면서 있는 듯 없는 듯 살고픈 '혼족 생활'을 선호하는 청년이 급증하고 있다. 다음 사례의 주인공 역시 사회적인 관계를 두려워하는 회피성 인격을 지녔다.

문정이 정말 원하는 꿈은 게임 캐릭터 디자이너였으나 부모님이 보수적인 탓에 말조차 꺼낼 수 없었다. 그녀는 늘 공부 잘하고 예쁜 언니의 그늘에 어스름하게 가려져 비교당했다. 평소 자신감이 없던 그녀는 인생 최대의 용기를 내어 다니던 회사를 그만두고 게임 회사의 말단 직원으로 들어갔다. 신입으로 일한 지 1년쯤 됐을 때 난처한 일이 벌어졌다.

"문정 씨, 제가 이 프로그램 가르쳐 드릴까요?"

어느 날부터 같은 회사에 다니는 선임이 자꾸 호의를 베푼다. 경력도 없고, 보잘것없다고 느끼는 자신에게 겁 없이 다가오는 그로 인해 불안과 초조함이라는 공기가 그녀의 온몸을 감쌌다.

적당히 둘러대며 거리를 유지한 채 지냈으나 지난 회식 자리에서 그가 본격적으로 속내를 드러냈다.

"저…, 문정 씨, 좋아해요. 저랑 만나보지 않으시겠어요?"

당황한 문정은 자리를 박차고 나와버렸다. 상황은 대략 모면했으나 수습이 안 되는 그녀는 회사에 연차를 내고 내게 상담을 청했다.

"선생님, 그 선임이 뭐가 부족하다고 저 같은 애를 좋아하는 걸까요? 우리 회사에 다른 예쁜 선배들도 많거든요. 절 왜 좋아하는 걸까요? 진심일까요? 어떻게 행동해야 할지 모르겠어요. 저 내일 회사에 어떻게 나가죠?"

문정은 마치 벼랑 끝에 달랑달랑 매달려서 떨어지기 일보 직전인 사람 같았다. 난 그녀에게 물었다.

"좋아한다는 고백을 들으면 불쾌하신가요?"

그녀는 잠시 생각에 잠겼다.

"아니요. 불쾌하진 않아요. 어차피 오래 못 갈 거라는 걸 알거든요. 저라는 사람을 알고 나면 금방 헤어지겠죠. 그럴 바에 아예 연애라는 걸 시작 안 하는 게 나아요. 상처받고 싶지 않거든요."

부모에 의해 자존감이 낮아진 채 성장한 회피성 인격

문정의 사례처럼 어떤 특수한 상황이나 관계에서 자꾸 현실을 직면하지 못하고 피하는 성향을 '회피성 인격'이라고 말한다. **회피성 인격의 사람에게 새로운 일에 대한 도전은 에베레스트를 등반하는 것과 같다. 아니, 대체로 인생에 도전 자체가 없다. 나만의 바운더리를 철옹성처럼 세워 누구도 침범할 수 없는 안정된 삶을 추구한다.** 이 태도는 연애에도 마찬가지다. 이들 관점에서 '관계로 인해 불 보듯 뻔하게 생길 상처'는 두려움의 대상이다. 그래서 자기방어를 위해 위험을 사전에 차단한다.

회피성 인격은 작은 인연 몇 명과 평생을 지내는 타입이다. 넓은 관계에서 오는 위험을 감당하는 것보단 홀로 생활하는 게 편하고, 여러 사람을 대하며 에너지를 쓰는 인생 자체를 피곤하게 생각한다. 연애에서도 누군가 다가오는 게 부담스럽다. 상대가 저돌적으로 다가오면 소스라치게 놀라 뒷걸음치고 달아나는 게 회피성 인격이다.

회피성 인격의 성장 과정을 살펴보면 대체로 부모에게 따뜻한 사랑과 보살핌을 받지 못했다는 걸 알 수 있다. 엄격함과 더불어 방임도 한몫한다. 만약 형제자매가 있는 집안이라면 우월한 형제자매와 평생 비교를 당하며 살아왔을 확률도 높다. 자신의 부족한 점을 다른 대상과 견주는 부모의 말을 들으며 자란 이들의 자존감은 지층 가장 밑바닥까지 떨어져 있다. 자신감이 없으니 주체성이 있는 인생을 살지 못하며, 그저 부모나 사회에 이끌려 자신의 의사를 제대로 표현하지 못한 채 휩쓸리듯 살게 된다.

회피성 인격 중에는 학교에서 집단 따돌림을 당하거나 단체 앞에서 수모당한 경험 때문에 자존감이 떨어진 사람도 더러 있다. 회피성 인격은 주로 내향형에게서 많이 보인다. 원래부터 소극적인 성향인데 사회생활에서 활동적이고 적극적인 외향형을 보며 상대적으로 주눅이 들어 자존감이 박탈된 경우도 종종 있다.

회피성 인격의 한 발 진보를 칭찬하는 쓰담쓰담 사랑법

회피성 인격을 연인이나 배우자로 두고 있다면 '그의 내면이 유리병 같다'라고 생각하면 도움이 되겠다. 유리를 만질 때면 깨뜨리지 않기 위해 심혈을 기울여 조심하는 것처럼, 이들을 대할 때는 금방이라도 깨질 것 같은 물건을 만지듯 천천히, 차근차근 충분한 시간을 두고 다가가야 한다.

회피성 인격을 가진 이들과의 사랑에서 가장 필요한 건 두 가지다. **신뢰, 그리고 존재를 인정하는 칭찬이다.** 이들을 위해 사소한 말 한마디라도 칭찬과 인정의 의미를 담는다면, 긍정적인 관계를 쌓아갈 수 있다. 물론 이런 신뢰는 순식간에 쌓을 수는 없다. 관계에서 신뢰를 얻기 위해서는 시간이 필요하다. 그리고 존재 자체를 인정하는 칭찬 한마디가 서서히 회피성 인격이 지닌 마음의 문을 열어줄 것이다.

회피성 인격은 상대방에게 모든 걸 떠넘기지 말고, 관계를 형성하는 데 있어 적극적으로 임하는 태도가 필요하다. 대화할 때 상대의 이야기를 듣는 것만이 아닌 호응을 해주는 것도 중요하다. '나도 당신을 사랑하고 있어요. 다만 내 속도가 조금 느릴 뿐이랍니다.'라는 마음을 편지나 사소한 행동으로 표현해야 한다.

회피성 인격의 사람에게 꼭 당부하고 싶은 게 있다. 매일 거울을 보며 이 말을 입 밖으로 되뇌자.

"난 사랑받아 마땅해!"

"

인생을 주체적으로 살지 않으면
소소한 행복마저도 잃게 된다.
당신은 우주에서 하나뿐인 소중한 존재임을 의심하지 마라.

"

회피성 인격 처방법
'나는 특별한 재능이 없어도
충분히 멋진 사람'임을 기억하기

＊ 하루 한 번 거울을 보며 다음과 같이 말해준다.

"너는 사랑스러워. 너는 소중한 존재야."

'너'라는 용어는 억지로 자신을 끌어 안아주는 것보다 실천하기 수
월한 표현이다.

＊ 사소한 것부터 주변에 의견을 구하지 말고 혼자 결정하는 연습을 한
다. 예를 들어 물건 구매, 무언가를 배우는 것 등이다.

＊ 오늘 하루 불편했던 일, 좋았던 일 등 소소한 사건을 기록하는 습관
을 들인다. 일기처럼 쓰다 보면 미처 알지 못했던 나의 기호와 바람,
나라는 사람의 정체성까지 알 수 있다.

＊ SNS를 하면서 그간 연락이 뜸했던 지인과 소통하는 등 사람과의 대
화에 친근해지도록 교류를 시도한다.

＊ 한 달에 한 번 자신 없고 낯선 일, 새로운 것이나 배움에 도전해 본
다.

＊ 자신이 해낸 것을 구체적으로 칭찬해준다.

"책을 안 읽던 내가 무려 책 한 권을 완독하다니, 대단해";

"한 달 동안 매일 하루 15분씩 운동을 해냈네. 대견하다!"

왜 비번 바꼈어?

자기 비번 바꿨어?

어? 왜?

아, 카톡 왔구나.

갑자기 비번을 왜 바꿨어?

왜 나한테 말을 안 했어?

카톡 누가 보낸 거야?

비번 오래 해놔서 그냥 바꾼 거야.

내 카톡 비번 바꾼 게 저렇게 화낼 일인가?

의심으로 둘러싸인
편집성 인격과의 사랑

연애를 하거나 결혼생활을 하다 충돌이 일어나면 참지 못하고 돌격하는 사람들이 있다. 한 번쯤 고민하고, 앞뒤 상황을 고려한 뒤 물어봐도 될 일을 다짜고짜 따지고 들기 시작하면 상대는 마치 얼어버린 듯 사고 회로가 정지된다. 이런 경우 쏘아붙인 사람은 연인이나 배우자를 굴복시켰다는 생각에 회심의 미소를 짓는다. 이처럼 앞선 회피성 인격과는 정반대로, 연인을 믿지 못하고 정면으로 맞부딪혀 상대를 납작 엎드리게 해야 속이 후련해지는 사람, 이들은 '**편집성 인격**'을 가진 자들이다.

처음부터 너의 배신을 예감했어

현수와 지희는 몇 년에 걸친 연애 후, 결혼을 약속하며 양가 부모님을 모시고 인사를 나눴다. 그러나 지희를 향한 현수의 믿음은 지희만큼 견고하지 않았다.

> "회사 회식이 있던 날이었어요. 회식에 방해될까 봐 휴대폰을 진동으로 해서 전화가 온 줄 몰랐었죠. 그런데 남자 친구가 그걸 가지고 계속 꼬투리를 잡으면서 저를 의심하는 거예요. 처음에는 '질투인가보다, 결혼을 앞둬서 예민한 건가?' 싶었는데 듣다 보니 정도가 지나친 거 있죠."

현수는 회식하는 동안 지희와 연락되지 않는 게 불안했다. 여기까지는 사랑하는 연인끼리 아웅다웅하는 흔한 다툼이려니 싶었으나, 그 후 현수가 취한 행동은 선을 넘었다. 현수는 잠시 연락이 두절된 짧은 시간에 혼자 상상의 나래를 펴고 100번이 넘는 부재중 통화를 남겼다. 다음 날 현수는 지희에게 '요즘 들어 부쩍 귀가가 늦다', '카톡이 많이 온다'는 둥, 온갖 의심을 붙여가며 그녀의 휴대폰에 위치 추적 앱을 설치할 것을 요구했다.

만약 당신이 지희라면 자신의 휴대폰에 위치 추적 앱을 설치하는 데 동의할 수 있는가? 아니 질문을 바꿔보겠다. 예비 배우자를 민지 못하고 한낱 애플리케이션에 기대는 사람과 행복한 미래를 그릴 수 있을까? 우리는 암묵적으로 같은 답을 떠올릴 것이다.

예견하다시피 두 사람은 악에 받쳐 싸웠다. 현수는 자신의 의심이 합당하다고 우겼고, 끝까지 앱을 깔지 않겠다는 지희를 향해 근거 없는 비난을 퍼부었다. '사랑'을 명목 삼아 해줄 수 없냐는 그의 말에 지희도 왜 자신을 온전히 믿어주지 못하냐며 맞섰고, 결국 둘은 파혼했다. 난 이들의 헤어짐을 '파혼'이 아닌 '현명한 결별'이라고 말하고 싶다. 사소한 불안에도 갈대처럼 흔들리는 게 과연 사랑일까.

의심과 비난의 상처로 겹겹이 둘러싸인 편집성 인격

근거 없이 추측만으로 연인을 싸잡아 의심하며 옭아매는 편집성 인격은 평소 의심이 많은 부모로부터 받은 양육과 유전적 요인에 의한 경우가 많다. 본디 부모의 성격이 의심이 많고 까칠하고 경계가 많다면 그런 환경에서 자란 자녀도 역시 유사 패턴을 보이게 된다. 여기에 부모에게 걸핏하면 비난을 듣거나 가학적 양육을 당했을 경우, 혹은 주위 사람에게 놀림을 받거나 집단 따돌림, 괴롭힘, 타인에게 배신을 당한 사람도 마음에 상처를 입고 편집성 인격으로 편향하여 자란다. 드라마 〈더 글로리〉의 주인공 '동은'은 엄마의 정신적 학대와 배신, 사회적 경험인 집단 따돌림과 괴롭힘으로 인한 편집성 인격의 대표 사례이다.

과거의 상처가 많은 이들은 좀처럼 타인에게 마음을 쉬이 내놓지 않는다. 그런데 어렵게 다가와 편집성 인격이 자신의 사생활을 털어놓으면 그 이유만으로도 과도하게 상대에게 의지하기 때문에 이들과 원만한 관계를 맺기는 참으로 어렵다.

이들은 기본적으로 의심이 많고, 상대방의 조그만 변화에도 민감하게 반응하며 자기 망상처럼 불신을 확장해 나간다. 그들의 사고 저변에는 언제 배신당할지 모른다는 불안이 깔려있고, 사랑을 받아 본 적 없기에 낮은 자존감으로 안절부절못한다. 당신이 편집성 인격과 연인관계에 놓인다면, 그의 자존감을 세워주기 위해 항상 칭찬과 존중을 표현하고 자신감을 북돋아 주기 위한 말을 자주 해주는 것이 중요하다.

만약 편집성 인격과 부딪히게 된다면, 두 발자국 먼저 후퇴하고 그를 존중해주는 예의를 보이는 것이 최선이다. **절대 그들과 맞서는 우**劇**를 범하지 마라.** 편집성 인격은 화가 나면 폭력을 행사하거나 법적인 공방도 불사한다. 혹은 상처를 받을까 두려워 대인 기피증이 나오기도 한다.

편집성 인격의 적절한 거리 두기 사랑법

편집성 인격이 선호하는 유형은 상냥하고 타인을 돕는 사람, 자신이 컨트롤할 수 있는 부드러운 성향의 사람이다. 자신이 선호하는 유형이 눈에 들어오면 아주 치밀하고 집요하게 구애하여 상대가 넘어오게 만든다. 그런데 이런 행동으로는 좋은 관계를 만들 수 없다. 편집성 인격이 원만한 사랑을 하고 싶다면 좋아하는 상대와 적당한 거리를 둔 채, 상대방을 안심시키고 조심스럽게 다가가 호의를 보여야 한다. 그래야 상대방도 마음을 열고 당신에게 다가올 수 있다.

사랑에 빠진 편집성 인격은 연인에 대해 모든 걸 지배하려는 성향이 강하다. 상대방의 인격에 따라 이를 선호하는 사람이 더러 있을 수 있으나 대부분은 자유를 박탈당하고 누군가 자신을 통제하려 한다면 거부감부터 생기기 마련이다. 진정한 사랑은 좋아하는 이의 자유와 개성을 침해하지 않는 것임을 명심해야 한다.

편집성 인격이 사랑하기 위해 가장 필요한 것은 모든 의심과 불안은 '나로부터 시작한다'라는 사실을 인정하는 것이다. 나를 개선하기 위한 출발은 내 기질을 수용하는 것이니 의심하는 기질을 부인하지 말고 수긍해야 한다.

이를 실천하기 위해 하루 일정한 시간을 가지고 연인에 대해 어떤 의심과 걱정을 했는지 낱낱이 적어본다. 의심에 대해선 확실한 증거 여부로 판단하고, 섣불리 속단하지 않도록 한다. 계속해서 걱정이 꼬리를 문다면 하루 중 시간을 정해서 걱정거리를 하나하나 나열하고 이를 위한 해결안을 모색한다. 낮은 자존감을 높이기 위해서 매일 아침 자기 긍정 확언이나 자신의 장점을 적어본다. 내가 나에 대한 확신이 있다면 불안이 줄어들고, 나아진 나를 발견하게 될 것이다.

편집성 인격의 사람에게 말해주고픈 이야기가 있다. 자신이 지닌 아픔을 토닥이며, 마음이 속삭이는 소리에 경청해 주었으면 좋겠다.

"

당신을 책망하지 말고 온전히 사랑해주길 바란다.
세상이 그대를 힘들게 만들었을 뿐,
사실 당신은 아무런 잘못이 없다.

"

편집성 인격 처방법

꼼꼼한 계획성으로
나만의 '의심일지'를 적어보자

＊ 객관적으로 내가 평소 의심이 많고 사람을 불신하는 경향이 있는지 점검한다.

＊ 자기 검열이 제일 먼저 필요하다. 무엇보다 자신이 편집성 인격이라는 것을 인정하는 것이 가장 중요하다.

＊ 평소 타인에 대해 의심하는 부분을 기록하는 의심일지를 적는다.

＊ 나의 의심과 부합하는 실질적인 증거가 있는지 명백히 확인하기 전까지는 어떤 성급한 결론도 내리지 않는다.

＊ 확인 후 합당한 증거가 없는 의심은 과감히 지운다.

＊ 편집성 인격의 장점은 용의주도한 계획성과 집요한 행동력이다. 그 장점을 의심일지와 꾸준히 자신을 점검하는 데 발휘해 본다.

＊ 자신의 낮은 자존감과 불안, 걱정이 사랑하는 사람에 대한 의심과 지배 욕구가 됨을 기억해, 상대를 향한 확인되지 않는 의심을 적절하게 통제해야만 한다.

＊ 낮은 자존감의 회복을 위해 운동, 명상이나 독서를 습관화한다.

나는 더 이상 당신의
마리오네트 인형이 아니야

동거 한 달 후 / 교제 5개월

ㅋㅋ 개정애들

카톡

그렇게 좋은 친구들은 아닌 것 같아.

옆에서 지켜보니 조언이라면서 부정적인 말도 많이 하고…

…자기 친구들 말이야.

어? 난 딱히 모르겠는데…

날 위해서 하는 말이기도 하고…

내가 근거없이 이런 말을 하겠어?

누가 당신을 가장 사랑하는 것 같아? 친구들이야? 나야?

그야 당연히 자기지…

그래. 당신을 위하니까 이런말도 어렵게 꺼내는 거야.

지금까지 누가 이런 말을 해준 적 있었어?

나니까 해주는 거야.

심리를 조종하고 통제하는
가스라이팅

지금까지는 선천적 인격에 따른 관계법과 사랑법을 살펴보았다. 이제부터는 연인이나 혼인 관계에서 생길 수 있는 두 가지 변칙적 관계를 살펴보려 한다. 먼저 요즘 들어 가장 많은 이슈를 낳는 **'가스라이팅'**이다.

'가스라이팅'이 당신과 전혀 무관한, 먼 이야기라고 생각하는가? **피해자 대부분은 가스라이팅에 대한 무지**無智**로 뜻하지 않게 피해자가 되고, 심지어 피해를 당하고도 인식하지 못한다. 게다가 더욱 섬뜩한 것은 가스라이팅이 가장 가까운 사람으로부터 자행되는 행위라는 것이다.** 결코 피해자의 지능이 낮다거나 세상 물정을 모르는 어수룩한 이들이 당하는 일이 아니다. 가스라이팅에 대한 정확한 지식이 없다면 당신도 언제고 피해자가 될 수 있다.

사랑한다더니 갑자기 왜 돌변한 걸까요?

소미는 친구의 추천으로 핫하다는 데이트앱에 가입했다. 커플 매칭에서 최종적으로 연결된 상대가 바로 '승철'이었다. 그들은 앱으로 몇 마디 나누고는 SNS 채팅 서비스로 대화의 장을 옮겼다. 며칠이 지나 서로 어느 정도 호감이 생겼다고 생각하는 시점에 그들은 직접 만나기로 했다.

데이트앱에 대한 안 좋은 풍문을 들은 소미는 약속 당일 약간의 불안감과 설렘, 긴장이 뒤범벅된 채로 승철을 만났다. 하지만 생각보다 말끔하고 그럴듯한 외모의 승철이 나타나자 마음 한편에 안도감이 들었다. 그것도 잠시, 대화를 나누던 중 소미는 온라인에서 얘기할 때와는 사뭇 다른 승철의 말투와 분위기가 신경이 쓰이기 시작했다. 하나, 그 순간 승철이 던진 한마디는 소미의 의심을 한 방에 날려주었다.

"소미 씨, 실물이 훨씬 미인이세요. 저희 로펌 직원들이 저보고 '변호사님 데이트앱 조심하세요, 거기 사기 치는 사람도 은근히 많아요.'라고 절 걱정하더라고요. 근데 대화를 나눠보니

말도 잘 통하고 마음씨도 고우시고, 소미 씨는 딱 제 이상형이

세요. 제가 운이 좋네요. 하하!"

이걸 어쩐담! 소미가 느낀 불안과 염려를 똑같이 느꼈다는 그

의 솔직한 모습에 걱정과 긴장감이 사라지고 내면의 빗장이 순

식간에 풀려버렸다. 다음을 기약하고 헤어진 그들은 전화와

SNS로 연락하며 관계가 점점 깊어져 갔다.

승철은 연애 초부터 간간이 소미에게 자신의 업무인 변호사

생활에 대해 들려주었다. 어떤 변론을 하고 재판정에서 무슨 일

이 있었는지 알려주는 승철에게서 진중함과 책임감 있는 모습을

느낀 소미는 단시간에 그에 대한 신뢰가 쌓였다. 과다한 업무와

변호사라는 간판 때문에 돈이 아닌 자신만을 봐주는 진정한 여

자를 찾기 어려웠다는 그의 고백에 안타까움 마저 생겼다. 그러

다 교제 두 달쯤 지났을까, 저녁을 함께 먹던 승철이 갑작스러운

제안을 건넸다.

"소미 씨, 우리 같이 지내보는 게 어떨까요? 결혼하자고 하면

자기가 너무 급하다고 할까 봐. 고민하다가 말해요."

수줍은 고백에 당황한 소미. 평소 자신감이 부족하고 쉽게 결

단을 내리지 못하는 것이 결점이었으나 이번에는 단번에 긍정적인 생각이 들었다. 그의 제안이 싫지 않았던 것이다. 하지만 마냥 반가운 것만은 아니었다.

'동거는 해 본 적이 없는데…. 교제한 지 이제 겨우 2개월인데 너무 빠른 건 아닌가? 같이 살다가 승철씨가 나한테 실망하면 어쩌지?'

소미가 이런저런 잡념에 선뜻 답하지 못하자, 승철은 부담 갖지 말고 충분히 생각하라며 그녀를 배려했다.

상대를 파악한 후 심리를 조종하고 통제하는 가스라이터

그로부터 한 달이 지난 어느 날, 승철로부터 연락이 뚝 끊겼다. 원인을 알 수 없는 연락 두절에 소미는 초조해지기 시작했다.

승철과 연애를 하는 동안 소미는 하루를 승철의 알람 전화로 시작해, '잘자'라는 그의 달콤한 목소리로 마무리를 했다. 연애하는 3개월간 소미는 주변 지인과도 서서히 소원해졌다. 그래서 승철과 연락이 두절되었을 때는 마치 세상에 혼자 남겨진 기분마저 들었다. 그렇게 전화를 수백 통 걸고 메시지를 남겨도 묵묵

부담인 승철. 그의 안위에 문제가 생긴 건지 걱정했던 초반과 달리, 자신이 뭔가 잘못해서 그런 것 같은 막연한 자책감까지 일었다. 이제 그녀의 머릿속에는 오직 이런 생각만 맴돌았다. '분명히 내가 뭔가 실수해서 이런 걸 거야. 내가 뭘 잘못한 걸까?'

3주 정도 지난 어느 날, 승철은 뜬금없이 꽃다발을 한아름 들고 소미 집 앞에 나타났다. 그러곤 한마디 변명과 사과도 없이 소미를 품에 안고 아무 일도 없었던 것처럼 얼렁뚱땅 넘어갔다. 소미는 헤어질까 두려워 그에게 아무것도 묻지 않았다. 이후 소미는 조금이라도 승철의 연락이 늦어지면 불안에 떨기 시작했다. 그와의 이별이 너무나 두려운 나머지 뒷일도 생각지 않고 동거를 감행했다.

승철은 이제 완전히 자신의 울타리로 넘어온 그녀를 길들이기 시작했다. 그는 미래를 위해 개인 로펌을 내 볼 생각이라며 소미에게 돈을 요구했다. 소미는 제대로 판단할 수 있는 상태도 아니었고 누군가에게 조언을 구할 수도 없었다. 동거하는 순간부터 승철은 소미에게 해가 된다는 이유로 그녀의 가족, 지인과 연락을 차단하도록 회유했기 때문이다. 이제 소미 주변에는 오로지 승철밖에 없었다. 결국 제멋대로 자신을 조종하는 승철로 인해 우울증이 심해지자 소미는 몰래 상담을 받았다. 그리고 더 큰 고통을 받기 전에 승철을 떠나기로 마음먹었다. 물론 이들의 이별은 순탄하지 않았다. 이별을 선언하자, 승철은 폭력적이고 강압적인 모습을 보였고, 이에 소미는 목숨을 걸고 야반도주했다.

소미의 사랑은 은밀하게 다가와 소란스럽게 진행된 뒤 위험천만하게 끝났다. 이것이 전형적인 가스라이터와의 관계 형태이다.

유사해 보이지만 전혀 다른 끌림, 유혹과 사랑

이 이야기를 읽으며 '정상적인 성인이 어떻게 이렇게 당할 수 있냐?'며 의아해하고 있는가. 당신처럼 소미도 평범한 사람이다. 그녀도 이럴 줄 몰랐다. 승철은 소미를 '사랑'한 것이 아니라 단순히 목적에 맞게 '유혹'한 것이다. **우리는 유혹과 사랑을 분별할 줄 알아야 한다. 사랑은 서로 주고받는 감정이지만, 유혹은 상대에게 특정한 목적이나 이득을 취하기 위해 의도적으로 다가가는 행위이다.**

이득을 위해 사람을 속이는 건 '사기'에 해당한다. 하지만 이런 사기보다 더 악랄한 것이 바로 '가스라이팅'이다. 자신의 목적을 위해 상대를 유혹하는 가스라이터는 상대의 괴로움을 즐긴다. 사기처럼 꼭 돈이나 이익을 취하려는 목적이 아니라 상대를 제 손안에 넣고 심리를 쥐고 흔들며, 그 속에서 쾌감을 느끼는 것이다. 결과적으로 승철의 손아귀에서 한 발짝도 나아갈 수 없었던 소미는 승철과의 관계가 연인이 아닌 주종 관계로 변질되어 버렸다.

심리적 학대를 즐기는 가스라이터에게는 공통적 행동 패턴이 있다. 책의 마무리에 자세히 실어 놓았으니 꼭 식별하길 바란다. 여기서 필자가 '식별'이라는 단어를 택한 이유는, 조심만 할 게 아니라 우리도 무의식중에 누군가에게 그런 행동을 하지 않는지 자기 자신의 언행도 검열해 보자는 의미이다. 엄격하게 서열화된 대한민국 사회 구조에서 사는 우리는 부지불식간에 가스라이팅 같은 언행을 타인에게 하기 쉽다.

가스라이팅의 사정권에서 벗어나기 위한 방법

거짓말에 거짓말로 겹겹이 쌓인 가스라이터의 삶에 필요한 건 익명성이다. 익명성이 보장되거나 혹은 내가 무슨 말을 해도 절대적으로 믿을 수밖에 없는 사람이 그들의 목표 대상이다. 그래서 연인, 부부, 가족관계에서 가해자와 피해자가 나오기 쉽다. 보통 가스라이터의 피해자는 자존감이 낮고 의존적이다. 이런 상태에 있는 사람들은 가스라이터들의 손쉬운 먹잇감이 된다.

만약 어떤 관계이든 내 삶을 통제하거나 자유의사를 박탈한다고 느낀다면, '나는 당신의 뜻과 다릅니다'라며 자기 의사를 당당히 밝힐 줄 알아야 한다. 또한, 그 누구를 만나더라도 주변 관계를 단절하지 않아야 한다. 진정으로 사랑한다면 상대방 가족이나 친구까지도 보듬어주고 안아주어야 할 것이다. **무엇보다 타인에 의해 조정 당하지 않기 위해선 내 존재의 가치를 깨달아야 한다.** 그리고 하나의 인격으로 존중받기 위해 심리에 대한 정확한 지식을 습득하고 과감히 실천에 옮겨야 한다.

심리적 학대인 '가스라이팅'은 한 인간을 무시하고 장악하며 생명을 위협하는 범죄이다. 지금 자신의 인간관계를 한번 둘러보고 남에 의해 당하지도 말고, 타인에게 행하지도 않는 우리가 되었으면 한다.

"

진심으로 나를 사랑한다면,

그럴듯한 언어가 아닌,

있는 그대로를 존중하는 눈빛과 행동이 보여야 한다.

그것이 진정한 사랑이다.

"

가스라이팅 단절을 위한 처방법

적당한 거리 두기

＊ 상대방의 언행이 상식적이지 않다면 거리를 두어야 한다.

＊ 만남 초반부터 술을 가까이하거나 강요하는 사람은 멀리하자.

＊ 거짓이나 언행 불일치가 종종 보인다면 관계를 정리하는 게 좋다.
깊어질수록 더 나빠질 가능성이 농후하다.

＊ 당신을 자꾸 고치려 들거나 본인의 생각을 강요한다면 함께 미래를
그리기 어려운 관계이다.

＊ 사랑하는 남녀 사이에도 상대의 행동을 어느 정도 객관적으로 볼 수
있는 적당한 거리가 필요하다.

＊ 만나면서 자꾸 어딘지 모를 불편함을 느낀다면 그 직감을 믿고 거리를
두어라.

＊ 함께 있을 때 자꾸 상대의 눈치를 보게 된다면 당신에게 이로운 관
계가 아니다.

＊ 온라인 데이트보다는 자연스러운 만남, 혹은 지인 소개로 만나는 것
이 훨씬 안전하다.

＊ 연인이 있더라도 혼자만의 시간에 안정감을 느끼고 즐길 수 있어야
건강한 사랑이다.

누구든 내 곁에 있어줘야 해

알면서도 빠져드는
관계 중독의 늪

드라마 〈부부의 세계〉에는 누가 봐도 부족할 게 없는 남자 주인공 태오가 나온다. 돈 잘 버는 미모의 아내를 둔 태오는 탐욕에 눈이 멀어 외도를 하게 된다. 이를 보다 못한 친구가 이제 관계를 정리하라며 따끔히 충고하자 그는 "내가 미치겠는 건, 두 사람을 동시에 사랑한다는 거야."라는 말로 친구는 물론, 시청자들마저 경악시킨다.

이것이 바로 **'관계 중독'**이다. 태오는 관계 중독이기에 끊어야 할 관계라는 걸 알면서도 외도를 합리화하며 가정을 파멸시켰다. '관계 중독'이라는 용어가 생경한 독자가 대다수일 것이나, 다음의 사례를 보면 낯설지 않은 모습에 놀라게 될 것이다.

스스로 '관계 중독'이라며 상담을 오거나, 매스컴이나 책으로 관계 중독 사례가 소개된 경우는 드물다. 그 이유는 대부분 '관계 중독'에 대한 인지도가 낮고 얼마나 위험한지 그 중독성을 인식하지 못하기 때문이다. 그러나 관계 중독에 빠진 사람은 실제로 많다. 지금 내가 하는 사랑이 결코 좋은 관계가 아니라는 걸 알면서도 헤어지지 못하는 커플이 바로 관계 중독에 빠진 이들이다. 당신은 이미 관계 중독을 스쳤을 수도 있고, 어렵게 헤어나왔을 수도 있다. 다음 커플의 사례를 보며 나도 혹시 관계 중독에 빠져 있는 건 아닌지 점검해 보자.

그 사람하고 못 헤어져요 : 사랑 중독

연우와 가현 커플은 언뜻 보기엔 남들처럼 평범한 연애를 하는 것 같다. 연애 3년 차인 이들 커플을 만나는 이마다 하나같이 '결혼은 언제 해?'라는 소리를 물을 정도로 이들 관계는 아무런 문제가 없어 보였다. 그런데 그때마다 머뭇거리는 가현. 그녀에게는 홀로 끙끙대던 고민이 있었다.

> "남자 친구가 화가 나면 좀 거칠어져요. 아주 가끔 물건을 발로 차거나, 집어 던져요. 근데 어느 날 제 친구가 그걸 알고 저한테 헤어지는 게 좋겠다고 했어요. 그때 전 어쩌다 한 번 한

행동이라며 오히려 제 남친을 두둔했거든요. 그냥 날 직접적

으로 때리지도 않았고, 남자가 욱하면 그럴 수 있다고 생각했

는데 마음에 걸려요. 근데 평소에는 정말 좋은 사람이거든요.

혹시 상담하면 이런 행동을 고칠 수 있을까요?"

그녀의 질문에서 속내가 엿보였다. 그녀는 헤어질 의사가 없

고, 관계 유지를 위해 상대를 고쳐보겠다는 심사였다. 난 그녀의

관점을 전환할 수 있는 질문을 던졌다.

"가현 씨는 화가 나면 물건을 던지세요?"

그녀는 고개를 가로저었다. 내가 되물었다.

"연우 씨의 행동이 잘못된 걸 알면서도 합리화를 시킬 정도로

사랑하는 건가요?"

"네. 사랑해요. 지난번에 오빠한테 물건을 던지는 건 잘못된

행동이라고 말해 봤는데 자신을 뭘로 보냐면서 화를 내요. 그

일로 크게 싸웠는데 오빠가 '이럴 거면 헤어져!'라고 소리치더

라고요. 오빠가 헤어지자고 하면 가슴이 철렁 내려앉아요. 뭘

어떻게 해야 할지 모르겠고 그냥 눈물만 흘러요. 저 못 헤어져

요. 오빠를 너무 사랑해요.“

가현이는 '사랑'이라는 감정에 도취하여 중독되었다. **'도취'**라는 건 어떤 것에 감정적으로 취하는 것을 의미한다. 하지만 이 감정이 도를 넘으면 삶의 균형이 무너진다. **주변 상황을 판단하지 못하고 오로지 '그를 사랑한다'라는 감정적인 상황에 몰입돼 이성을 잃게 되는 것이다.** 가현과 연우의 관계는 마치 갑과 을의 주종 관계 같다. 온전하지 못한 사랑에서는 갑과 을이 존재하는데, 그 관계에서 가현은 '을'에 해당한다. 두 사람의 관계에서 가현은 자신의 정체성을 잃고 충족감을 얻고자 사랑 관계에 집착했다.

나 그 사람 없으면 못 살아요 : 사람 중독

형진은 바쁜 아내가 자신에게 소홀해지자, 무기력하고 우울했다. 삶이 의미가 없어진 느낌마저 들었다. 행여 아내가 외도하는 건 아닌지 내심 의심했으나, 그의 의심이 기정사실이 될까 봐 두려워 내색도 못 했다.

"아내가 바빠서 저를 보지 않아요. 아내에게 남자가 생긴 걸까

요? 그러면 어떻게 하죠? 전 이 사람 없으면 죽을 것 같아요."

로맨스 영화나 노래 중에 종종 '당신은 내 전부야. 당신은 내 삶의 의미야'라는 내용을 담은 대사나 가사가 있다. 상대가 내 삶의 전부라는 생각은 위험천만하다. 예술은 예술 그 자체로 받아들이고, 현실은 바르게 살아가자.

사랑은 나 자신을 버려가며 지키는 게 아니다. 나라는 인격체를 휴지 조각처럼 날려버리는 걸 사랑을 위한 희생과 헌신이라고 미화시키지 않아야 한다. 나는 나로서 존재하고, 상대는 상대로서 존재해야 한다. 독립적인 두 존재가 주고받음 속에서 기쁨을 키워가는 것이 온전한 사랑이다.

모든 의미를 내가 아닌 상대로부터 찾는다 : 관계 중독

어린 시절 사랑을 많이 받고 표현하며 살아온 사람은 관계를 맺고 풀어가는 방식도 건강하며, 자신의 의사를 솔직하게 표현할 줄 안다. 반면 영, 유아기에 부모로부터 충분한 사랑을 받지 못하고 평생 비난받고 질책과 비교를 당하며 살았다면 불안정한 애착을 외부를 통해 채우려 한다. 숨을 쉬려면 산소가 필요한 것처럼 누구나 정서적 안정을 위해서는 사랑과 관심이 필요하다. 하지만 사랑은 외부로부터만 채워지는 것이 아니다. **자기 자신의 가치를 사랑하고 인정하는 마음가짐, 즉 자기 인정과 가치적 자존감이 우선되어야 한다.**

반복되는 외도에도 집착하는 사랑, 일방적으로 치우쳐 누가 봐도 한쪽이 희생양이 되고 있는 사랑, 관계 속에 내가 존재하지 않는 사랑. 모두 바람직하지 않다. 많은 이가 옳지 못한 관계의 맺고 끊음을 어려워하며, 사랑이라는 감정에, 사람에, 섹스에 중독되어 상식 범주를 넘어 이해할 수 없는 관계를 지속하거나 반복한다.

관계 중독은 정도나 기간의 농도가 짙을수록 분노, 질투, 집착마저 초래한다. 관계에서의 내 헌신에 대한 보상심리가 작용하기 때문이다.

관계 중독에서 헤어나오기 위해서는 먼저 자아를 독립시켜야 한다. 자신의 사랑을 객관적으로 바라보고, 관계가 깨질 것을 염려해 눈치만 보지 말고 자기 의사를 분명히 밝힐 줄 알아야 한다. 그러기 위해서는 자신의 내면 치유에 집중하고, 혼자만의 시간을 독서, 명상, 다양한 취미나 모임 등으로 유익하게 보내야 한다.

「

나를 상대와 철저히 분리하고,
내 마음의 직립보행이 이뤄져야 한다.
독립적인 두 존재가 주고받음 속에서
기쁨을 알아가는 것이 온전한 사랑이다.

」

사랑, 사람 중독 처방법

'너'가 아닌 '나'에 온전히 집중하기

* 남녀관계에만 집착하지 말고 다양한 인간관계를 형성한다.

* 자존감을 높일 수 있는 독서, 명상, 운동, 묵상, 취미 등 자기 자신을 위한 시간을 매일 혹은 주기적으로 갖는다.

* 상대방과 나를 분리하는 연습을 한다. '배가 고프면 내 식사를 챙겨야지, 사랑하는 이가 먹는 모습을 보며 대리 만족할 순 없다'라는 원초적인 생각부터 하나씩 해 본다.

* 과거의 나는 어떠했는지 심리상담이나 일기장을 쓰면서 나의 존재를 돌아본다. 관계를 맺지 않을 때 느끼는 불안감의 원인을 찾을 수 있고, 원인을 알면 해결책도 나오기 마련이다.

* 상대방이 나를 어떻게 배려해주고 있는지 오로지 내 관점에서 적어 본다. 자신의 관점으로 적는 것은 이기적인 게 아니라 내가 사랑을 받고 있는가를 점검해 보는 필수 과정이다.

* 사랑 관계에서 얻는 긍정적인 점을 적어 본다.

* 타인의 시선으로 나 자신을 평가하지 않는다.

사람은 저마다 가족으로 인한 아픔과 상처가
가슴 속 한구석에 묵직하고 아릿하게 자리 잡고 있다.
그러나 대부분 '내 마음 속 들여다보기'를 주저하고 애써 외면하며 살아간다.
가족에 대한 내 본래 감정을 마주하고 나면 차마 감당하기 힘들고
그 알 수 없는 무엇을 맞이하는 게 두렵기 때문이다.

Chapter 2

'가족'이라는 아프고도
아련한 이름

누구보다 가깝지만, 가장 큰 상처를 주는 애증의 족쇄 : '가족관계'

> "언니, 저 너무 속상해요. 근데 곰곰이 생각해 보면, 이게 동
> 생한테 그렇게 화를 낼 일이 아니었거든요. 원인은 다른 데 있
> 는데 제가 왜 그랬는지 모르겠어요."

어느 날, 윤경이가 내게 고백하듯 자신의 속마음을 털어놓았
다. 그녀의 이야기 속에서 나는 지난 시절 내 모습을 발견했다.
나 또한 별것 아닌 일로 가족에게 버럭 성을 낸 적이 있기 때문
이다.

우리는 살다가 별스럽지 않은 일에 화를 내고 엉뚱한 곳에 분
풀이를 할 때가 있다. '어? 이 정도로 열 낼 게 아닌데.' 하면서
마치 브레이크가 고장 난 자동차처럼 걸러지지 않은 말이 마구

내뱉어지는 경우를 누구나 한 번쯤은 경험했을 것이다. 시간이 흘러 그때 그런 행동을 한 사람이 내가 아니었으면 싶은 그런 일 말이다.

인간의 분노나 열등감, 불안 등 여러 감정은 영, 유아기부터 부모와의 애착 관계에서 비롯된다. 그것은 우리의 무의식 안에 꽁꽁 숨어있다가 성인이 되어 유사한 상황이 발생하면 슬며시 고개를 내민다.

첫 직장에서 "최 대리, 일을 이렇게밖에 못 하겠어? 도대체 무슨 생각을 하는 거야?"라는 말을 들었을 때 나는 그 어떤 상황보다 유독 강한 모멸감과 분노를 느꼈다. 23살에 처음 회사에 입사한 나는 당시 사장님 험담을 밥 먹듯 해댔다. 그때 나는 '왜 그렇게 화가 났던 걸까?' 생각해 보면, 과정은 제쳐놓고 결과만 보고 나를 힐난하는 그의 태도가 평생 날 타박했던 우리 아빠를 닮았기 때문이었다. .

당신은 당신의 가족과 안녕히 지내는가?

'육체가 쓰러지면 그 전에 깨닫지 못했던 것을 깨닫게 된다. 인간은 관계의 덩어리라는 것을. 오직 관계만이 인

간을 살게 한다는 것을.'

생텍쥐베리가 남긴 이 글은, 홀로 태어나도 어느 곳 하나 관계가 얽히지 않는 곳이 없는 우리네 인간사를 여실히 보여준다. 그리고 인간에게 '가족'은 태어나 가장 처음 맺는 원초적이자 근원적 관계이다.

사람은 저마다 가족으로 인한 아픔과 상처가 가슴 속 한구석에 묵직하고 아릿하게 자리 잡고 있다. 그러나 대부분 '내 마음 속 들여다보기'를 주저하고 애써 외면하며 살아간다. 가족에 대한 내 본래 감정을 마주하고 나면 차마 감당하기 힘들고 그 알 수 없는 무엇을 맞이하는 게 두렵기 때문이다. 마치 판도라의 상자를 여는 것처럼 말이다.

"It's Always Darkest Before the Dawn"

'동트기 전이 가장 어둡다'라는 외국 속담이 있다. 힘없는 아기 새가 세상의 빛을 보기 위해서는 딱딱한 알을 깨야만 하고, 애벌레는 누에고치 안 어둠 속에 몇 날 며칠 머물다가 단단해진

고치를 뚫고 나와야 비로소 하늘로 비상하는 나비가 된다. 이제 우리도 그 고통을 과감히 견디고 내 근본인 '가족관계'를 점검해 보는 시간을 가져보면 어떨까?

당신이 가족과의 골이 더는 깊어지지 않길 바라는 마음으로, 또한 관계 갈등으로 인해 생긴 상처가 덧나지 않았으면 하는 바람으로, 이 글을 집필했다. 한 가지 자신 있게 말할 수 있는 건 아는 만큼 길이 보이는 법이요, 보이는 길을 향해 수고를 들인 만큼 당신의 인생이 유의미해진다는 것이다.

단단한 삶을 위해 품 안에 있는 용기를 꺼내 들기를 응원한다. 당신을 위한 봄날이 기다리고 있을 테니!

그놈의 돈, 돈, 돈
정말 돈이면 해결될까?

'돈'이라는 불씨가 만든
불안한 부부관계

'돈' 때문에 아웅다웅한 적이 없는 부부가 몇이나 될까. 돈은 적으면 적은 대로, 많으면 많은 대로 늘 갈등의 원인이 되곤 한다. 장례를 치러야 할 때도 돈이 부족하면 가족의 죽음보다 서러운 법이다.

그렇다면 "우린 맨날 돈 때문에 싸워."라는 말에서 분쟁의 원인은 과연 정말 '돈'뿐인 걸까?

갈수록 희미해지는 '사랑'이라는 이름의 희생

하루는 친구 영주가 아이들을 등원시키고 모닝커피를 마시러 왔다. 붉으락푸르락하는 그녀의 얼굴을 보니 한눈에 부부 싸움을 했다는 걸 알 수 있었다.

> "야, 내가 집에서 노니? 애 학원비랑 식재료 거리, 가끔 카페
> 에 가서 커피 좀 마시는 것 말고 무슨 돈을 쓰겠니? 막말로 남
> 편이 떼돈을 벌어서 남들처럼 쇼핑을 하러 다니는 것도 아니
> 고…. 나는 뭐 놀고 싶어서 이러고 있는 줄 아나? 나도 돈 벌
> 고 싶다고! 근데 애 키우느라 어느새 6년이 흘러서 받아주는
> 데가 없는 걸 어쩌라고. 애는 엄마가 키우는 게 낫지 않냐고
> 해서 그만둔 건데. 지겨워! 맨날 돈 때문에 싸워."

하소연을 늘어놓는 영주의 눈가에 어느새 그렁그렁한 눈물이
맺혔다. 영주도, 그리고 우리 모두도 아이를 낳고 벌어질 이 사
태를 가늠하지 못했다. 참 기묘하지 않은가? 고귀한 생명 잉태
와 양육이라는 대체 불가능한 역할이 불과 몇 년이 지나고 나면,
수익 창출이라는 행위와 비교되면서 먼지처럼 그 가치가 희미해
지니 말이다. 돈이 모든 행위의 목표이자 결과가 된 자본주의 사
회는 양육자를 한시도 마음 편히 두지 않는다.

집안일과 육아, 돈으로 환산할 수 없는 무급 봉사직
당신은 지금 집안일을 하며 아이를 키우는 배우자의 마음을

헤아려주고 있는가? 당신은 집에서 일한 배우자를 배려하며 이런 말이라도 해 본 적이 있는가?

"여보, 오늘도 집안일에 아이까지 돌보느라 고생 많았어요!"

단 한 번이라도 가사와 양육을 하는 배우자에게 따스한 말 한 마디를 건넨 적이 있다면 상위 1% 안에 드는 훌륭한 배우자이다. 양육과 집안일이 또 하나의 업※이라는 선진적 개념을 지니고 있으니 말이다.

가사와 육아를 병행하는 배우자는 실질적으로 가정에 월평균 235만 원을 절약시켜주는 혁혁한 공을 세우는 존재이다. 하지만 눈에 보이는 금전적 소득이 없다는 이유로, 양육자는 자칫 가계에 도움이 못 되고 있다는 불안에 빠지기 쉽다. 그러니 집안일을 하면서도 '난 경제적으로 무용한 인간이 아닌가'라는 괜한 불안감에 짓눌려 있을지 모르는 배우자에게 존중을 표하는 이는 분명 어질고 현명한 사람이다.

돈으로 시작된 부부 갈등의 진짜 원인

자본주의 사회에서 생계유지를 위한 돈은 무엇보다 중요하다. 그렇다면 정말 경제적 여유만 있으면 부부 갈등이 해결될까? 양육하던 사람이 다시 일터로 뛰어들어 돈만 많이 벌어오면 단란한 부부, 화목한 가정생활이 될까?

경제적 문제로 인한 부부 갈등은 '돈'이 불씨가 되어 만든 '불안'이라는 감정에서 출발한다. 이 불안이라는 작은 불덩이는 평소 부부간의 관계에 따라 작은 모닥불로 끝날 수도, 재앙을 낳는 화마로 번질 수도 있다.

돈이 생활에 대한 안정감을 주는 도구라는 점은 부정할 수 없는 사실이다. 살기 위해 돈이 필요한 건 맞지만, 적어도 "돈 때문에 이혼했어. 우리 부부 싸움의 원인은 돈이야."라는 소리를 할 만큼 당신이 단지 돈이라는 재물만 보고 결혼을 한 것도 아닐 것이다. 이름만 대도 알 수 있는 백만장자나 셀럽 중에 이혼한 커플도 허다하고, 돈이 차고 넘쳐도 싸우는 사례를 무수히 봐왔다. 돈만 있으면 만사 걱정이 없을 것 같은 부유한 가정에서 왜 더 많은 불화가 일어나는 걸까?

돈이 부부관계를 좌우하는 권력이 될 수 있다고 믿는다면 지금부터는 좀 더 '부부'라는 관계의 본질을 명확히 바라보고 성숙해지라고 권고하고 싶다. 애당초 부부는 돈이 아닌 서로의 사랑으로 맺어진 관계이다. 결혼 후 긴 세월 동안 겪는 여러 위기에서 '돈 문제'는 그중 하나이다. 돈이 없어서 상황이 힘들 수 있고, 누군가를 도울 여력이 없는 내가 한없이 초라하게 느껴질 수는 있다. 역으로 돈 벌다 지쳐서 서로를 챙기지 못해 멀어지는 커플도 있다. 또는 욕심을 부려 헤어지기도 한다. 당신에게 묻고 싶다.

"금전적으로 어려울지라도 당신과 함께 여생을 약속한 지금의 배우자만 곁에 있다면 그 어떤 어려움도 잘 헤쳐나갈 수 있겠는가? 당신은, 지금 당신 곁에 있는 배우자를 사랑하는가?"

이 질문에 '내 남편, 내 아내만 있으면 둘이 힘을 모아 역경을 극복할 수 있다'라고 자신 있게 답하는 커플은 그 갈등이 무엇이 되든 슬기롭게 헤쳐나갈 수 있을 것이다.

부부간의 갈등은 감정의 무지에서 시작된다

아폴로 신전 기둥에는 '너 자신을 알라'라는 말이 새겨져 있다. 이 명언은 인간의 무지無知를 경고하는 말이다. 여기서 '무지'란 '자기 자신조차 어떤 존재인지 알지 못하면서 지식에 대한 오만을 뽐내는 인간의 어리석음을 이야기하는 철학적 의미'를 담고 있다.

부부관계에서 생기는 갈등 역시 '무지'에서 촉발되는 경우가 많다. 상대방을 탓하기 전에 불편한 감정의 원인이 무엇인지 곰곰이 생각하고 그 원인을 짚어 보자. 지레짐작으로 결론짓지 말고, 상대방과 대화부터 시도해 본다. 인간의 불안은 자신의 내면이 어떤 상태인지, 상대는 어떤 감정을 느끼고 있는지 모르기 때문에 시작된다.

현재 내가 배우자와의 갈등에서 느끼는 감정이 무엇인지, 어디에서 생긴 것인지 인지하는 것, 이것이 부부관계를 슬기롭게 맺어가는 가장 중요한 실마리이다. 이는 무지에서 겸손으로, 누군가에게는 자기성찰로, 어떤 이에게는 지혜로 향하는 길이자 궁극적으로는 행복한 부부생활을 영위할 수 있게 안내해주는 나침반이다.

『5가지 사랑의 언어』의 저자이자 50년간 결혼 상담을 해온 심리상담사 게리 체프만은 '사람마다 고유한 사랑의 언어가 있으며, 소통하려면 상대방의 사랑의 언어를 구사해야 한다'라고 기술했다.

자기중심적 사고가 아닌 상대방의 언어로 배우자와 소통하는 건 부부관계에 있어 매우 중대하다. 상대방의 언어에는 그가 자란 문화와 환경이 배어있기 때문이다. 관심 어린 시선으로 배우자를 바라보면 그의 언어가 선명히 보일 것이다.

이를테면, 남편은 '자신의 업적을 인정'해주는 걸 부부간의 사랑이라고 여기는 사람인데, 아내는 '감정을 공감'해주는 걸 사랑이라고 느낀다고 치자. 그러나 서로 배우자의 니즈needs나 가치관을 파악하지 못한 채 사랑을 준다면, 둘 다 채워지지 않는 빈 잔을 들고 허송세월을 살아가는 셈이다. '노력했는데 왜 그러냐'라고 따지기에 앞서 올바른 방향으로 노력해야 그 노력이 헛되지 않을 것이다. 부부 생활이란, 내가 중요하다고 생각하는 걸 채워주는 것이 아니라 상대방이 원하는 것을 채워주는 것이다.

'우리'라는 이름을 가졌지만 '나'만 존재하는 '가짜 가족'

나는 두 번의 이혼 경험이 있다. 전혀 다른 성향을 지닌 두 명의 배우자를 거치면서 인생과 '나'의 존재에 대해 깊이 성찰하게 되었다. 그런데 나뿐만이 아닌 여러 부부를 상담하며 발견한 것은 이혼한 부부에게는 공통점이 있다는 사실이다.

그들에겐 사랑보다 우선시하는 전제조건이 있다. 바로 '자기 자신'이다. 자존심, 자기의 가치관, 자기 명예, 자기의 감정 등, 한마디로 자기중심적인 삶을 추구한다. 함께 사는 공간에서 '나' 위주의 삶을 추구하려고 하니 모든 상황에서 갈등을 빚고 불행해지는 건 어쩌면 당연한 결과다.

현재 내 결혼생활은 이전보다 못한 환경에서 시작했다. 경제적으로도 풍요롭지 않았고, '이혼가정'이라는 주위의 시선에서도 자유롭지 못했다. 월세에서 전세로 벗어난지도 얼마 안 됐고, 아이 양육비로 고달플 때도 있었지만 나는 감히 예전보다 행복하다고 이야기할 수 있다. 서로가 '배우자에 대한 믿음, 사랑 그리고 부부로서의 연합'을 느끼기 때문이다.

어떤 난관도 가볍게 넘어갈 수 있는 믿음과 연대감

무엇보다 부부관계가 원활하기를 바란다면 돈 문제를 가지고 배우자를 탓하지 말아야 한다. 배우자를 탓해서 당신이 얻을 수 있는 게 무엇인가? **돈이 부부 갈등의 원인이라고 말하는 사람의 진짜 문제는 '상대방을 원망하는 태도와 상대를 향해 쏘아대는 날카로운 말'이다.** 돈은 그저 분란을 일으킨 여러 소재 중 하나일 뿐이다.

우리 부부에게 '돈'이란, 있으면 좋고, 없어서 힘들면 의논하여 함께 해결해가야 하는 흔한 난관 중 하나이다. 돈이 결혼생활에 있어 절대적이거나 결정적 치명타를 남긴다거나, 혹은 돈이 많다고 이를 자랑하고 내세울 만한 장점으로 여기지도 않는다.

부부가 인생이라는 긴 여정에서 당면할 수 있는 온갖 시련을 이겨내기 위해서는 '함께 한다면 그 어떤 어려움도 이겨낼 수 있다'라는 강건한 믿음이 존재해야 한다. 그리고 연합된 믿음은 자연스레 소통과 연대감을 이끈다. 서로 좋은 일이 있을 때 함께 기뻐하는 것보다 중요한 것은 곤경에 처할 때 서로를 비난하지 않는 것이다.

이를 위해 우리 부부는 평소 존댓말을 사용한다. 나이와 관계 없이 서로 존댓말을 사용하면서 '나'보다 '상대'를 존중하는 태도를 지니게 되었다. 존댓말을 습관화하면 싸울 때도 언어 수위를 조절할 수 있다. 이 모든 사항은 여러 화목한 부부에게서 보이는 공통점이자, 부부교육의 주안점이다.

굳이 내 과거까지 들춰내며 당신에게 이런 말을 전하는 이유는 단 하나이다. 난 당신이 진심으로 행복한 결혼생활을 하길 바란다. 원인이 있음에도 모른척하거나 진실을 외면하고 노력하지 않는다면 그 어떤 배우자를 만나도 똑같은 인생이 당신을 기다릴 뿐이다. 애먼 자존심을 세워 부부관계를 망가뜨리는 원인이 '나'로부터 싹트지 않길 바란다.

'부부'라는 관계에서 필요한 건 '연합과 믿음, 그리고 상대방의 관심'이다. 이를 키워간다면 당신도 남부럽지 않은 부부관계를 만들 수 있다. 마흔이 넘어 달라진 나처럼 말이다.

부부간의 갈등 처방법

마음을 알아가는 '존중 대화법' 실천하기

* 평소 배우자의 언행, 습관, 관심사를 주의 깊게 관찰하며 상대를 알아간다. 생각보다 서로의 속 깊은 생각은 잘 모르는 경우가 많다.

* 대화에도 적시適時가 존재한다. 상대와 논의하여 주기적으로 대화하는 시간을 정하여 소통한다.

* 좋은 대화를 위해서는 환경도 조성되어야 한다. 정기적인 둘만의 외출 혹은 조용한 시간에 대화한다.

* 대화 시 핸드폰은 멀리 두고 대화에 집중한다.

* 평소 부부끼리 존댓말을 쓰는 것을 강력히 추천한다.

* 대화가 단절된 지 오래되었다면 부부 상담을 권한다. 전문가의 도움이 필요한 부부가 실제로 매우 많다.

• **함께 읽으면 더 좋은 도서:** 『5가지 사랑의 언어』, 게리 채프먼, 생명의 말씀사

아무리 가족이라도 선은 넘지 말아야지

그럼 평소에 방 정리를 잘 하던가!

방을 쓰레기장으로 해놓고선!

달그락

엄마! 다시는 내 방 건드리지 마!

뭐…?!

쾅!

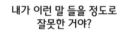

내가 이런 말 들을 정도로 잘못한 거야?

방

경계선이 사라진
아슬아슬한 부모-자녀 관계

엄마가 딸 아이 방을 대대적으로 정리 정돈을 해놓았다. 엄마에게는 그저 지저분한 방을 대청소한 '흔하디흔한 일상'일 뿐이지만, 격동의 사춘기를 겪는 열다섯 살 아이에게는 마치 자신만의 영역을 도둑맞은 기분이다. 그러니 고마워하지는 못할망정 원망 섞인 목소리로 언성만 높아질 뿐이다.

우리 모두 사춘기 시절 방 청소 문제로 부모님과 실랑이를 한 경험이 있을 것이다. 왜 부모와 자식이 애증의 관계로 서로 못 잡아먹어 안달인 걸까? 왜 우리는 이토록 자식에 연연하는 것일까?

내 아이지만, 아이가 곧 나일 수는 없다

수연이는 아이의 방을 청소해주는 것이 부모로서 마땅하다고 생각했다. 하루는 그동안 참고 지켜보던 중학교 1학년 딸아이의 너저분한 방을 날 잡고 치웠다. 양말이며 속옷이 온 방을 헤집고 다니고, 먹다 남은 젤리 봉지까지 책상 밑에 돌아다니니 이제 집은 쓰레기장 못지않아 참다 참다 해치운 것이다. 집에 돌아와 말끔해진 자신의 방을 보며 감동할 딸아이 모습을 떠올리니 방긋 미소가 지어졌다. 그러나 현실은 그녀의 기대와 정반대로 흘러갔다.

> "자식 키워봤자 다 헛거지. 엄마가 그렇게 고생해서 방 청소
> 를 해주면 고맙다는 말은 못 할망정, 자기 물건을 왜 건드리냐
> 고 아주 방방 뛰더라! 나 참! 기가 막혀서, 내가 뭐 자기 사생
> 활 캐려고 청소를 했겠니? 방구석이 하도 거지 소굴 같으니까
> 청소한 거지! 그럼 평소에 자기가 방 정리를 잘하든가. 아주
> 버르장머리가 없어!"

그녀는 씩씩대며 얼음이 가득 담긴 아메리카노를 원샷으로 들이켰다. 그 모습만으로도 그녀가 얼마나 열이 바짝 올랐는지 충분히 전해졌다. 수연은 기대에 엇나간 자식의 반응에 배신감을

느꼈으리라. 같은 부모 입장으로 그녀의 서운함은 충분히 이해하고도 남는다.

많은 부모가 저지르는 치명적인 실수 중 하나가 아이의 사생활 범주를 정확히 인지하지 못한 채 벌이는 행동이다. **열 달 동안 뱃속에 품고 낳고 키웠지만, 아이가 당신의 자궁에서 나온 그 순간부터 자녀는 이미 '타인'이다. 그러나 아이를 출산하고 양육했다는 그 이유만으로 나와 아이를 동일시하며 아이의 일거수일투족을 간섭한다.** 더 정확히 표현하자면 '자식에게 엄연히 사적인 영역이 존재한다'라는 개념 자체를 잊고 사는 것이다. 부모가 자녀를 동일시하는 사고로 부지불식간에 본인의 주장이나 바람을 자식에게 투영하게 되고, 이는 부모-자식 간의 관계 갈등의 씨앗이 된다.

가족일수록 반드시 넘지 말아야 할 적정선이 있다

내담자인 유영과의 상담은 그녀가 내쉬는 깊은 한숨으로 포문을 열었다.

> "하아, 이번에도 집에 들어와 계셨어요. 정말 왜 그러시는 걸까요? 이 정도면 대놓고 그러지 마시라고 말씀드려야 되는 거죠?"

그녀는 시어머니가 '반찬 조달'을 이유로 자신의 집을 드나드는 것에 극심한 스트레스를 받고 있다. 맞벌이 부부인 아들네를 위해 시어머니가 찬을 직접 만들고, 먼 곳까지 친히 가지고 오시는 수고에 어찌 불만을 품겠는가. 다만 그녀는 시어머니가 최소한 사전 연락을 주고 집주인이 없는 집에 불쑥 들어오지 않으셨으면 하는 작은 바람이 있었다.

"너무 감사하죠. 그런데 아무도 없는 집에 비번을 누르고 들어오시니 난처해요. 저희 부부도 사생활이라는 게 있잖아요."

이것이 비단 유영만의 고민일까? 누군가는 친정 부모, 또는 형제, 자매에게 생겨버린 여러 형태의 '선을 넘는 문제'로 인해 고통받고 있다. 그러나 정작 머리가 지끈거리는 고민을 안겨준 당사자는 자신이 뭘 잘못했는지 인지하지 못하기에 갈등은 깊어만 간다.

'널 위해'라는 피켓을 앞세우고 자신이 하고자 하는 행위를 마음대로 하는 건 '너와 나'라는 관계에서 선을 넘는 행동들이다. 이는 마치 내게는 '아들네 집'이라는 놀이공원에서 이용할 자유이용권이 있으니 내 마음대로 너희 영역을 여기저기 둘러보겠다는 횡포와 같다. 자유이용권은 차라리 놀이공원에 돈이라도 벌어주지만, 이런 식의 자유이용은 이용권을 팔 생각조차 없는 사람의 인생에 함부로 들어와 자기 마음대로 휘젓는 격이니, 얼마나 불편부당한 상황이란 말인가.

진정 상대방을 위한다면, 널 위한다는 그럴듯한 명목 아래 감춰있는 '나 중심' 사고에서, '상대를 존중하는 사고'로 바꿔야 한다. 가족일지라도, 서로 인생을 분리하고 존중해야 하는 것이다. 특히 동양 사회에서는 가족 구성원과 자신을 동일시하는 경향이 강하다. 서양의 한 연구 조사에서도 한국인의 가족애는 그 어떤 나라보다 유독 끈끈하다는 결과가 나왔다. 어려서부터 물고 빨고 살을 비비며 키운 자식에 대한 애정, 부모에 대한 애착이 상대적으로 서양에 비해 강하다는 것이다. 여기에 어려서부터 혈연관계에 특별한 의미를 부여하는 '피는 물보다 진하다'와 같은 정서를 지니며 자란 한국인에게 가족이 일반적인 관계보다 농도 짙은 의미를 갖게 되는 건 자연스러운 결과이다. 물론 장점도 있겠지만, 도가 지나쳐 가족의 일에 내 일처럼 지나치게 몰입되는 모습을 종종 보게 된다.

요즘도 부모-자식 간에는 감정과 사고의 분리가 여전히 어려워 보인다. 우리는 가족관계에서 적절한 개인주의가 필요하다. 가족 간에 일어나는 동일시를 분리하고, 개개인의 의사와 취향을 존중해주는 정신과 행동이 절실하다.

소유욕을 부르는 인간의 유대감을 경계하라

한국 드라마에 유독 자주 나오는 대사가 있다. 반항하는 자식을 향해 부모가 던지는 "내가 널 어떻게 키웠는데!"라는 말이다. 마치 다른 부모보다 유난히 특별한 정성을 들여 키운 것처럼 말을 한다. 세상에 나 같은 부모 없다는 듯이.

자식을 낳으면 양육은 자연스레 따라오는 일이다. 하지만 내 인생 희생해가며 키웠으니 그에 대한 보답으로 자식이 자신이 원하는 인생을 살아주기를 바란다면 이는 잘못돼도 한참 잘못된 사고방식이다. 이보다는 내 품을 벗어난 자식이 더 멋진 곳으로 날아오를 수 있게 응원하는 것이 현명한 태도다. 이제는 자신을 돌아보며 오롯이 나를 위한 시간을 가져야 한다. 그리고 나 자신에게 이렇게 묻자. 자식이 원하는 것이 아닌 내가 원하는 바를 자식에게 요구하는 건 아닌지, 또한 내가 바라는 것이 자녀의 진정한 바람인지 말이다.

정신과 의사인 문요한 작가는 저서 『관계를 읽는 시간』에서 관계에서 경계선이 모호해질 때 상대에 대한 연결감이 강해진다고 말한다. 그리고 이 연결감이 커짐과 동시에 인간의 본성인 상대방에 대한 소유욕 역시 거대해짐을 경고한다. 그렇기에 가장 내밀하면서도 가장 큰 상처를 주는 관계가 바로 '가족'인 것이다. 가족 간일수록, '너는 너, 나는 나'라는 서로의 경계선을 지켜야 한다. 이는 가족과 나를 분리하여 타인으로서 인정하는 것을 의미한다.

당신은 나의 가족을 얼마나 존중하며 지내는가? 가족이 나의 의견과 다를 때 함부로 말하며 화를 내지는 않는지, 가족이라는 이유로 배려 없이 행동하지는 않는지, 혹은 자기주장을 상대에게 내세우지 않는지 우리 모두 돌아보았으면 한다.

모든 관계에 노력이 필요하지만, 특히 가족관계에는 가장 많은 배려와 섬세한 관찰이 필요하다. 사랑하는 내 가족이기 때문이다.

가족과의 갈등 처방법

'너는 너', '나는 나'로 구분 짓기

＊ 내가 생각하는 것이 최선이고, 가족을 위함이라는 생각을 내려놓는다.

＊ 부모나 손윗사람(형제, 자매)인 경우, 인생 선험자이니 무조건 자신이 옳다는 사고를 접어놓는다.

＊ 상대를 위한다며 행동하기에 앞서 반드시 가족 구성원 개인의 의사를 묻고 존중한다.

＊ 가족 일에 감정적으로 말하거나 행동하지 않는다.

＊ '너는 너이고, 나는 나'라는 경계선을 명심한다.

＊ 가족끼리 사랑하고 존중하되, 서로의 인생은 분리한다.

・함께 읽으면 더 좋은 도서: 『관계를 읽는 시간』 문요한, 더 퀘스트

가까이하기엔 너무 먼 그들

그래, 큰 애가 왔어.
오지 말랬는데
한사코 내려왔네.

아,
통화 중이시구나.

둘째? 몸이
아프다는데…

아무리 몸이 아파도
얼굴은 보여야
하는 거 아니냐?

기본이
안 됐어.

넌 지금 회사냐?
아이고, 쉬지도 못하고
우리 딸 고생이 많다.

엄마가 김장김치
큰 애 편에 보낼 테니
끼니 잘 챙겨먹어.

안 왔으면
내 얘기도――
나왔겠네…

동서가 코로나 후유증에
감기까지 걸려서 아픈건데…

딸 챙기듯
아픈 동서도
좀 챙겨주시지.

우리 모두 다
한 가족이라시더니…

쏴쓸…

촤아악

소금

단단한 유리벽을 사이에 둔
배우자의 부모 관계

가족은 가족인데 속마음을 꺼내어 시원하게 말하기 어려운 가족관계가 있다. 엄밀히 혈연가족도 아닌, 그렇다고 남이라고도 볼 수 없는 가족, 멀리 두기도 가까이 두기도 애매한 거리, 이들을 우리는 바로 배우자의 가족, '시월드' 혹은 '처월드'라고 부른다.

현주는 신혼 초 시댁에 들어가서 살았다. 결혼생활을 하면서 돈을 모으는 가장 빠른 방법은 시부모님과 살면서 생활비를 절약하는 것이라며, 두 시누이가 시아버지 옆에 찰싹 달라붙어 분가를 뜯어말렸기 때문이다. 같이 부대끼며 살아야 시어른이 아닌 진정한 부모로서 정을 붙일 수 있다는 말까지 덧붙였다. 어처구니없는 사실은 그 둘 누구도 시부모님과 같이 살아 본 경험이 없다는 것이다. 현주의 예비 신랑이 누나들에게 꼼짝을 못했기에 결국 그녀는 조용히 시댁으로 들어가 신혼생활을 시작했다.

결혼 초부터 시댁에서 살게 된 현주는 고군분투하며 서로 다른 문화에 적응해갔다. 그런데 어느 날부터 매 주말마다 부모님을 찾아뵈러 오는 시누이들이 자신들의 남편과 시어머니에 대해 쉴 새 없이 헐뜯었다. 그네들에게는 이곳이 친정일지 모르겠으나 자신을 들어 앉혀놓은 이 집이 현주에게는 시댁이었다. 자신 앞에서 시매부와 그분의 어머니에 대한 험담을 늘어놓는 시누이들, 그에 동조하는 시어머니의 모습까지 보니 현주는 점점 거부감이 일었다. 우리는 한 가족이라더니 그녀 앞에서 본인의 시댁을 욕하는 시누이와 가담하는 시어머니의 모습에 배신감마저 스멀스멀 올라왔다.

'내가 뭘 잘못하거나 자기네들 마음에 안 들면 나 없을 때도
내 욕을 이렇게 하겠구나.'

딸이야 철이 없어서 그렇다 치더라도 시어머니까지 사위에게서 등을 돌려 딸과 맞장구치는 모습을 보니 현주는 회의감이 들

었다. 정을 붙이려고 시작한 시댁살이는 오히려 오만 정이 떨어지는 계기가 되었다. 이로써 현주는 제아무리 잘해도 한 번 잘못하면 한순간에 남이 되어버리는 시댁 가족과 적당한 거리를 두어야겠다고 결심했다.

가까이하기엔 너무 먼 그대, '시월드'

'시댁과 처가'라는 존재는 가까우면서도 여전히 요원한 관계이다. 결혼은 비단 사랑하는 두 남녀만의 결합이 아닌 평생을 다른 문화를 조성하며 살아온 두 가족의 동맹이다. 그렇기에 더 많은 이해가 요구된다.

나 역시 시댁과 나 사이에는 허물 수 없는 단단한 철벽이 놓여 있다. 우리 결혼식에는 시댁과 친정 가족 중 어느 한 사람도 참석하지 않았다. 내 동생들이 따로 만나 축하해주어서 위안이 되었으나 시가족은 그 누구도 우리 편이 아니었다. 시댁 가족은 이혼 경력이 있고 나이가 훨씬 많다는 이유로 지금도 자신의 아들이 나와 헤어지길 염원한다. 이처럼 결혼 후에도 변함없이 날 눈엣가시로 보는 시댁을 어떻게 대하면 좋을까? 먼저 이러한 내 사례를 털어놓겠다.

난 남편에게 시댁의 선입견과 무례한 언행으로 눈덩이처럼 불어가는 불만과 분노를 표출했다. 사람의 됨됨이를 보는 것이 아닌 내 조건만 보고 판단하는 그들이 원망스러웠던 것이다. 시댁 문제로 우리 커플은 헤어질 위기에 몇 번 처했다. 그러다 언제부터인가 나의 태도와 생각은 이렇게 변하기 시작했다.

'그래, 그럴 수 있지. 지금까지 살아온 환경이 다르고, 귀하게 키운 자식이 이혼한 경험이 있는 여자랑 결혼한다니 반갑지만은 않겠지.'라며 그들을 있는 그대로 존중하려 노력했다.

'자식이 하고많은 여자 중에 왜 하필 과거가 있고, 나이도 훨씬 많은 여자를 만났을까, 게다가 자식까지 딸려 있으니 쉽지 않은 결혼생활일 텐데…' 하는 마음은 부모라면 누구나 할 수 있는 생각이라고 받아들이니 전보다 그들의 행동이 이해되었다.

나는 성인군자가 아니다. 그러기에 나를 곱지 않게 보는 사람들을 마음에 담을 순 없다. 머리로 이해는 할 수 있어도 가슴으로 받아들이며 사랑을 베풀기는 힘든 일이었다. 그저 남편의 가족이자 나와 살아온 길이 다른 부류의 사람을 '그럴 수 있겠구나, 그들은 그렇구나.'라고 존중할 뿐이다. 이렇게 내 안에서 자라나는 그들을 향한 부정적인 감정을 거두기로 마음먹었다.

당신의 시댁 혹은 처가가 당신을 못마땅해한다면 그냥 그대로 존중하는 게 당신과 당신 가족을 위한 현명한 자세이다. 그들은 그들의 기준대로 삶을 살고, 당신은 당신 가족과 행복하게 살아가면 그것으로 충분하다. 살면서 모두가 내 생각과 같을 순 없지 않은가.

배우자의 가족과 내 가족이 다름을 인정하자

현실적으로 시댁과 처가를 한 가족처럼 여길 수 있을까? 아마 가능한 사람보다 그렇지 않은 사람이 훨씬 많을 터이다. 한 이불 덮고 사는 부부도 하루가 멀다 하고 다툼과 화해를 반복하며 맞춰가는데, 일 년에 고작 몇 번 보는 배우자의 가족을 어찌 평생 함께 살아온 내 가족과 동일시 할 수 있단 말인가. 두 가족의 다름에 고개를 끄덕이고 적당한 거리를 둔 채, 상대 가족의 가치관과 행동을 살피는 게 한결 바람직하고 안온하다. 시댁과 처가로 인해 생기는 갈등은 결국에는 부부 문제로 이어진다. 남편과 아내 둘 다 내가 속했던 원가족을 힐난하는 말에 불편한 심경이 일어나는 것은 당연하다. 그리고 이 불편함은 곧 가정의 불화를 초래하게 된다. 그 불행의 고리를 자처해서 만들지 않길 바란다.

상대방은 나의 거울

중국의 심리학 멘토 황시투안은 그의 저서 『모든 관계는 나에게 달려 있다』에서 이런 말을 했다.

'상대방은 바로 나의 거울이다. 내 몸에 있지만 인정하고 싶지

않은 단점을 비춰 준다. 좋은 관계를 유지하는 비결은 바로 상대를 보는 동시에 자신을 보는 것이다.'

이는 모든 인간에게 적용되는 진리이다. 누군가는 이를 깨닫기까지 아주 많은 시간이 소요된다. 서로의 속도가 다르기에 먼저 깨달은 자가 그 진리를 알고 변화하면 상대도 자신이 조금은 달라져야 하지 않을까 돌아보게 될 것이다. 하지만 그들 중 일부는 완강한 고집으로 세상을 떠날 때가 되어서야 비로소 이치를 깨달을 수 있을지 모른다. 내 행동이 나만의 기준이었고, 누군가에게 상처를 주었음을. 물론 죽음을 눈앞에 두고서 뒤늦게 깨우치는 어리석음은 저지르지 않는 게 좋겠지만 말이다.

당신의 시댁 혹은 처가와 호의적인 관계를 원한다면 내 생각과 기준부터 한껏 넓혀보자. 나부터 배우자의 가족을 대하는 언행이 달라지면 배우자도 서서히 변화하게 된다. 좀 더딜지라도 상대방의 변화를 기다려주자. 비록 그 기다림이 쉽지 않겠지만 이는 더 나은 부부관계를 위해 갖춰야 할 중요한 미덕이다.

그들은 그들의 기준대로 삶을 살고,
당신은 당신 가족과 행복하게 살아가면
그것으로 충분하다.
살면서 모두 내 생각과 같을 순 없지 않은가.

배우자 가족과의 갈등 처방법

'틀림'이 아닌 '다름'을 인정하기

＊ 시댁이나 처가의 '다름'을 존중하는 사고를 해야 한다.

'그들은 그들대로, 우리는 우리대로'라는 적정선이 필요하다. 살아온 시대와 문화, 관념이 다르므로 나이 드신 배우자의 부모가 당신을 이해하기란 쉽지 않다.

＊ 반려자의 가족에게 나와 같은 사고를 바라지 않는다.

＊ 불만이 있을 시, "당신네 가족은 도저히 이해할 수가 없어요."라는 식의 거부감을 유발하는 발언보다는 "이런 건 우리 가족과 달라서 적응에 시간이 필요해요."라는 방식으로 대화를 한다.

＊ 내 감정을 곧이곧대로 배우자에게 표출하지 않는다.

＊ 대화의 밀도를 높여 평소 상대방 가정을 이해할 수 있도록 노력을 기울여보자.

· **함께 읽으면 더 좋은 도서:** 『모든 관계는 나에게 달려 있다』 황시투안, 미디어숲

일부러 어깃장만 놓는 남의 편, 남편

애 앞에서 무슨 말을 그렇게 해?

요새 사기당하는 일도 많은데 세상물정 모르면서 일 벌이지 말고 애나 잘 보라구.

그거 해서 몇 푼이나 번다고.

뭐?

남편은 왜 항상 날 무시하고 바보 취급할까?

정신과 육체를 파멸시키는
가정폭력

올해로 학생을 지도하고 상담한 지 20년이 훌쩍 넘었다. 수많은 아이를 지도하면서 깨달은 게 있다. 아이가 친구와 나누는 언행을 살펴보면 그 부모를 직접 만나지 않아도 아이의 집안 문화와 부모님이 어떤 성향인지 가늠할 수 있다. '안에서 새는 바가지, 밖에서도 샌다'라는 속담이 이를 두고 말하는 것일 테다. 곱지 않은 말을 하거나 과격한 행동을 아무렇지 않게 하는 학생을 보면 자연스레 가정 분위기가 그려진다.

가장 일반적이면서 가장 잔혹한 언어폭력

* **폭력** : 남을 거칠고 사납게 제압할 때에 쓰는, 주먹이나 발 또는 몽둥이 따위의

수단이나 힘. 넓은 뜻으로는 무기로 억누르는 힘을 이르기도 한다.

표준국어대사전에 등재된 폭력의 사전적 용어는 위와 같다. 그렇다면 상대방에게 꼭 육체적, 혹은 물리적인 힘을 가해야만 '폭력'인 걸까? 인터넷으로 폭력을 검색하면 연관되어 따라오는 용어가 있다. 바로 언어폭력, 전화폭력, 데이트폭력 등이다. 우리는 왜 '폭력'이라고 하면 힘이나 무력을 동시에 떠올리고, 반대로 무력이 없다면 폭력이 아니라는 이분법적 사고를 하는 것일까?

세상의 인식은 급속도로 바뀌고 있다. 인터넷 사용이 보편화된 환경에서 이제 언어로도 누군가의 목숨을 앗을 수 있다는 걸 많은 사람이 알고 있다. 언어폭력은 신체적 폭력만큼이나 무자비하고 잔인하다.

정윤은 남편의 말에 늘 상처를 받아 자존감이 낮다. 14년째 언어로 핍박받는 정윤은 삶을 영위하고자 하는 의욕도 이유도 잃어버렸다. 그녀의 남편은 비하성 발언은 물론이거니와 화가 나면 아이 앞에서도 아내에게 거침없이 욕설을 내뱉는 사람이다.

"어제 또 애 앞에서 나를 무시하면서 '당신이 대체 할 줄 아는 게 뭐가 있냐?'라는 거야. 자신이 선택한 사람을 그렇게 깔보면 자기 가치도 낮아진다는 걸 모르나? 이제는 술 마시고 들어와서 기분 나쁘다고 욕하지 않는 게 감사할 일이야. 정말 이렇게 사는 게 맞는 걸까 싶다."

무의식중 행하는 언어폭력이 부르는 참사

우리나라의 한 여론 조사기관에 의하면 2022년도 기준 성인 남녀 1천 명을 조사한 결과, 쇼윈도 부부의 비율은 결혼 10년 차가 30.7%에 달했다. 더욱 놀라운 것은 20년 차가 넘어가면 37%에 육박하며, 30년 차는 55%에 달한다는 것이다. 쇼윈도 부부의 가장 큰 이유는 성격 차이나 성관계 문제이다. 성격 차이로 인한 불화는 자연스레 대화에서부터 앙금이 쌓인다. 그리고 잦은 말다툼으로 지친 쌍방은 가정을 유지하고자 이혼을 피하고 최후의 수단으로 '단절'을 택한다.

이렇게 단절된 부부에게는 여지없이 드러나는 특징이 있다. 바로 언어적 폭력이다. 이들 사이에는 일단 대화 자체가 존재하지 않거니와, 설사 어쩔 수 없이 중요한 건으로 인해 대화를 해야 한다고 해도 언어적 폭력이 난무한다. 서로를 이해하려는 노력조차 하지 않는 부부는 정작 이야기해야 할 주제는 뒷전으로 미루고, 그저 상대방의 면면을 타박하거나 비방하기 일쑤다.

우리가 분명히 알고 조심해야 할 것은 폭언이 욕설이나 엄청난 비방만을 일컫는 것이 아니라는 것이다. 상대를 짓누르기 위한 공격성 언어, 무시하는 언어도 모두 폭언이다.

"당신이 하는 일이 다 그렇지."
"하는 게 왜 그 모양이야?"
"네가 할 줄 아는 게 있니?"
"야, 그것도 못 하면 인간이냐?"

상대의 자존감을 벽돌처럼 깨부수고 존재의 가치를 폄하시키는 어조를 지닌 발언 모두 '폭언'이다. 잠시 우리의 언어를 돌아보자. 내 가족에게 위와 같이, 상대를 얕보거나 혹은 기분이 상한다며 분풀이식 언어를 말한 적이 없는지 말이다. 우리에게 가장 편한 관계가 가족이기에 더 여과 없이 감정을 드러내며 살지 않는가. 생각보다 많은 이가 이런 실수를 범하며 살고 있다. 더욱 조심해야 할 것은 **양육자가 평소 말하는 언어를 아이가 고스란히 보고 배운다는 것이다. 당신이 사용하는 언어가 당신만의 산물이 아니라는 걸 반드시 기억해야 한다.**

설문 조사를 하면서 또 한 가지 주목해야 할 사항이 있었다. 바로 '학대'이다. '학대'라는 항목은 해가 바뀔 때마다 그 퍼센트가 급증하고 있는데, 실제로 배우자에게 학대를 당한다는 답변은 5%가 나왔다. 이는 여론조사기관을 의식한, 자기방어적 답변이거나 본인이 당하는 일이 폭력이라는 사실을 미처 인지하지 못한 채 응한 답변이 아닐까 추측해 본다. 애석하게도 실제 부부 사이에 무력 행위가 벌어지는 경우는 우리가 예상하는 것보단 많기 때문이다. 우리 주변에는 갈수록 분노 조절이 어려운 사람이 많다. 이제 가정폭력은 더 이상 남의 이야기가 아니다.

아이를 위해 참는 게 정말 아이를 위한 길일까?

수정의 남편인 성현은 화가 나면 물건을 죄다 깨부쉈다. 시간이 흘러 어느 순간 물건을 던지던 성현은 이제 그 물건으로 수정을 때렸고, 나중에는 결국 직접적 폭력을 행사했다. 화가 나면 두텁고 큼지막한 손바닥으로 수정을 내려치기 시작했다. 머리를 굴린 성현은 남들에게 보이지 않는 곳을 때리면 그의 폭행이 쉽사리 들통나지 않겠지 싶어 옷으로 가릴 수 있는 부위만 골라 두드려 팼다. 어느 날 내게 찾아온 수정은 퉁퉁 부은 얼굴로 흐느끼며 말했다.

"참고 사는 제가 바보같이 보이시죠? 병신같이 왜 맞기만 하는지 이해가 안 가실 거예요. 다른 거 없어요. 아이 때문이에요, 제가 버텨야 했어요. 제 벌이가 안정될 때까지, 법원에서 '엄마가 경제력이 있어서 아이를 양육할 수 있다'라고 인정하는 날까지 말이죠. 한편으로는 아이가 어느 정도 성장하면 자기도 아빠라는 체면이 있어서 바뀔 줄 알았어요. 하지만 사람은 고쳐 쓰는 거 아니라는 말, 딱 맞아요."

수정은 몸을 앞뒤로 휘저으며 울부짖었다. 몇 년 동안 언어폭력과 폭행을 당한 수정은 자신이 당한 일에 대한 분노를 어찌 삭여야 할지 몰랐다. 결국 악몽 같은 결혼생활에 종지부를 찍은 그녀는 오랜 시간 상담 치료를 받았다. 지금도 가끔 꿈에 자신을 폭행한 전남편이 나타나 악몽에 시달리는 그녀는 아이를 위한답시고 일찍이 이혼 도장을 찍지 않은 지난날을 뼈에 사무치게 후회한다.

수정을 보니 이제 정윤이 정도는 양반이라고 여겨지는가? 그렇다면 당장 그 생각을 접길 바란다. 두 사람 모두 자살을 시도했었다. 폭언을 당한 정윤에게 '폭행까지 안 간 게 어디냐', '결혼해서 살다 보면 다들 그러고 살아.'라고 대수롭지 않게 말할 수 있을까. 폭언을 당한 정윤도, 폭언에 폭행까지 당한 수정도 자존감이 만신창이가 된 건 마찬가지이다.

언어폭력과 폭행을 당한 이 두 사람에게 몇 가지 공통점이 있다. 인생을 사는 이유가 '아이'에게 있었다는 점, 그리고 아이가 좀 더 자라면 배우자가 바뀔지 모른다는 실오라기 같은 기대와 믿음을 품었다는 점이다. 이와 같은 행보가 다소 답답해 보이지만 이는 대부분 폭력 가정에서 일어나는 일련의 과정이다.

보편적으로 아이를 출산한 엄마의 모성애는 태평양보다 넓고, 이 세상 그 어떤 힘보다 강하다. 다만, 자식에 대한 이 깊은 사랑이 자존감과 뒤바뀌어서는 안 되는데, 옛날 사고를 구전 받으며 자란 우리는 인간으로서 참지 말아야 할 상황까지도 감내하는 오류를 범하곤 한다.

나의 언행이 나의 세상을 바꾼다

폭력은 '화가 나서 나도 모르게'라는 말로 얼렁뚱땅 넘길 수 있는 사안이 아니다. 배우자가 아이에게 화풀이를 하더라도 내가 아이를 더욱 사랑해주면 그 상처가 보듬어질까? 한 번 찢어진 마음은 쉽사리 복원되기 힘들다. 그 어떤 위대한 사랑이라도 그 간극을 메울 수는 없다.

폭언과 폭행은 양육 시 환경에 의해 체득된 것이거나 유전적으로 물려받은 기질일 확률이 상당히 높다. 배우자가 폭언을 일삼거나 폭행의 기미가 보인다면 그 원인을 신속히 알아내고 전문가의 도움을 받기를 강력히 권한다. 가정폭력은 혼자 끙끙대며 참는다고 해결될 문제가 아니다. 더불어 피해자인 수정처럼 자신과 아이에게 외상후 스트레스 장애PTSD가 생길 가능성이 농후하다. 이처럼 폭력은 근절되어야 하는 사회악이다. 언어로도 행동으로도 그 폭력성이 심각하다면 누구든 타인의 생명을 앗을 수 있다.

사람을 죽인다는 것이 꼭 누군가를 공격해서 유혈이 낭자하고 처참한 몰골을 만든다는 뜻이 아니다. **타인의 정신세계를 무너뜨리는 것, 역시 살인이다. 우리는 누군가의 화풀이 대상이 되려고 결혼한 게 아니다.**

의학박사이자 작가인 디팩 초프라는 "당신이 하는 다음 말이 당신의 세상을 바꾼다"라고 말했다. 우리가 하는 말과 행동 모두 우리 인생의 방향을 결정한다. 자녀가 있다면 더욱 신중해야 할 것이다. 인간은 누구나 실수를 할 수 있다. 하지만 상습적인 폭언과 폭행은 절대 실수가 아니다. 폭력은 당사자의 의지만으로 고치기 힘든, 분노 조절 장애로 인한 정신질환이다.

당신이 언어폭력이나 폭행을 당하고 있다면, 이 글을 읽으면서 냉정한 시선으로 자신의 인생을 바라보자. 지금이라도, 당신이 존중받기 위한 삶으로 한 발짝 내딛기를 온 마음을 다해 기도한다. 당신은 누군가에게 욕설을 들을 이유도, 폭행을 당할 이유도 없다.

　앞으로는 국어사전에서 '폭력'에 대한 정의가 다음과 같이 바뀌어야 하지 않을까 싶다. 전 국가적으로 '폭력'에 대한 인식이 변화되어야 비로소 우리 모두 폭력에 대한 의식이 개선될 것이다.

　* **폭력** : 언어로 혹은 물리적 힘을 가해서 상대에게 정신적, 육체적 피해를 주는

　　비인륜적 행위

폭력, 폭언으로 인한 상처 처방법

반드시 주변에 도움 요청하기

＊ 폭언과 폭행의 기질이 조금이라도 보인다면 조기에 반드시 전문가의

상담을 받거나 도움을 청한다.

＊ 배우자의 폭언과 폭행이 시작됐다면 반드시 그 증거를 남겨두자.

녹취나 사진도 좋다. 추후 관계를 정리할 때 유용한 증거가 된다.

＊ 배우자의 폭언과 폭행을 보고 자란 아이는 성인이 된 후에도 그 트라

우마를 극복하기 힘들다는 사실을 간과하지 말자.

＊ 부모, 주양육자가 사용하는 언어는 곧 아이의 언어 환경임을 상기하

며 언행에 주의한다. 낮말과 밤말 모두 내 아이가 들으며 자란다.

＊ 상습적인 폭언, 폭행은 정신질환이다. 개인의 힘으로 고칠 수 없다.

아래 전문가의 도움을 반드시 받아야 한다.

•**도움을 요청할 곳:**

가정폭력 긴급전화 국번 없이 1366

다누리콜센터 1577-1366

한국가정법률상담소 1644-7077

대한법률구조공단 국번 없이 132

이렇게 살려고 결혼한 것이 아니다

찬란한 웨딩드레스 속에 숨겨진
위기가정

당신은 살다가 이혼을 생각해 본 적이 있는가? 혹은 앞으로 결혼을 하게 된다면 여차할 경우 이혼도 불사할 수 있다는 생각을 해 본 적이 있는가? 내 나이 50대나 60대의 그 어디쯤을 이혼이나 졸혼의 시점으로 점찍어 두었거나, 일 년에 열두 번, 배우자 얼굴에 대고 '이렇게 살 거면 그냥 때려치워.'라는 식의 폭탄선언이 목구멍까지 차오르는 걸 꿀꺽 삼키지는 않는가.

결혼은 해도 후회, 안 해도 후회라는 말을 들어봤을 것이다. 하지만 이왕 큰맘 먹고 하는 결혼이라면 하고 나서 후회할 일은 하지 말았으면 하는 게 필자의 바람이다.

우리, 이렇게 살기 위해 결혼한 게 아니다

당신에게 한 가지 묻고 싶은 것이 있다. 당신이 생각하는 '관계'에는 모두 강화build-up하고 좋게 맺어가는 사이만 존재하는가? 살아보니 아니더라. 나랑 다르고 이해하기 어려운 사람이 세상천지에 어찌나 많던지! 나는 **시간이 흐를수록 관계에서 진정 배워야 할 건 '해결되지 않는 관계를 슬기롭게 끝매듭 짓기'라고 결단을 내렸다.**

우리는 생각보다 쉽게 관계를 맺는다. 하지만 대부분 손쉽게 맺은 관계를 현명하게 매듭짓는 데는 이제 막 걸음마를 시작한 아기처럼 서툴다. 아무리 발버둥을 쳐도 답이 없는 인간관계에 어떻게 대처해야 할지 몰라 머리카락을 쥐어 뜯어가며 밤잠을 설친다. 그중 최고의 난도는 바로 '엇나간 부부관계'일 것이다.

결혼이라는 공식 관계에 종지부를 찍는 순간, 각자에게 돌아오는 리스크가 여간 큰 게 아니기에 쉽사리 헤어지지도 못하고 미련의 끈을 붙잡고 있다. 자식이 있다면 그 손해는 두 배, 세 배 이상이다. 내 몸뚱이 하나 달린 문제가 아니기에 기대와는 전혀 다른 삶에 속이 터져도 참을 '인忍' 자를 고이 새겨가며 '존버'하는 인생을 택하거나 '쇼윈도 부부'로서 고개를 돌린 삶을 선택한다.

우리, 이렇게 살려고 결혼한 게 아니지 않은가.

결혼생활은 나의 기호나 인생의 옵션이 아니다

희수의 남편은 바람을 피웠다. 상대는 같은 회사에 근무하는 동료 직원이다. 희수도, 남편도, 그의 상간녀도 모두 같은 회사에 다닌다. 더 큰 문제는 끝난 줄 알았던 남편과 상간녀의 관계가 최근 다시 시작됐다는 걸 알게 된 것이다. 희수는 여기저기에 사랑을 퍼다 주는 남편 때문에 이젠 우울증에 자살 충동까지 들었다.

"가관이지 않아요? 어떻게 저랑 같은 직장을 다니면서 바람을 피우나요? 내가 그 사람 아내인 걸 뻔히 알면서 만나는 그년을 죽여버리고 싶어요! 진짜 헤어졌다고 다시는 이런 일 없다고 빌었던 게 얼마 전인데 다시 만나다니요. 이제는 도저히 그여자 없으면 안 되겠대요! 이럴 거면 결혼은 왜 한 거죠? 제멋대로 살 거면 애는 왜 낳은 거냐고요! "

상담사도 인간이기에 하염없이 오열하는 희수의 막장 남편에게 화가 치밀었다. 하지만 내담자의 감정에 휩쓸려 부화뇌동할수 없는 터, 내 소임은 그녀의 정신상태를 안정적으로 되돌려놓는 것이다. 그래야 그녀가 아이와 함께 온전히 자신의 삶을 이어갈 힘을 낼 수 있다.

이는 희수네만의 사정이 아니다. 외도가 셀 수 없을 정도로 넘쳐나는 게 슬픈 오늘날이다. 화촉을 밝히며 맹세했던 부부간의 신의를 지키는 게 이리 어려운 세상이라니, 개탄스럽다. 그래서 그런지 무탈하게 결혼생활을 하는 견고한 사랑이 있는 부부에게서 성스러운 빛이 난다.

'성격 차이'는 두루뭉술한 이유, 진짜 이유는 따로 있다

병수와 윤아는 성격 차이라는 이유로 이혼의 문턱까지 갔다가 가까스로 위기를 모면한 부부이다. 윤아는 남편을 설득해서 부부 클리닉에 왔다. 막상 속을 들춰보니 이들 커플이 생각했던 부부 갈등의 사유가 서로 달랐다. 개인 상담에서 병수의 첫 마디는 이러했다.

> "너무 자존심이 상해요. 아내가 애 낳고 몸이 힘드니 그럴 수 있다고 생각했어요. 육아에 일까지 하는 아내가 지치는 것도 이해는 돼요. 근데 부부관계를 할라치면 매번 사정하고 달래서 겨우 하거나, 거절하고요. 최근에는 아예 거부해요. 제가 성관계나 할 목적으로 결혼을 한 건 아니지만, 아내와 사랑을 나누고 싶다는 이유로 수치심까지 느끼는 건 아니지 않나요?"

잠자리 문제로 모욕감을 느낀 병수의 속내를 몰랐던 윤아는 자신이 아내로서, 엄마로서 가정에 할 도리를 충분히 다하고 있는데 왜 남편이 삐딱한 건지 모르겠다며 투덜댔다.

부부 싸움의 요인을 성격 차이로 인식하고 있던 윤아와 잠자리 문제로 생각한 병수는 얼핏 보면 여자와 남자의 신체 구조와 감정 구조를 이해하지 못해서 벌어진 해프닝처럼 보인다.

남편들이 출산과 양육으로 아내가 몸 고생, 마음고생이 많다는 걸 알고 있지만, 어느 정도인지 그 깊이까지는 알지 못한다. 그렇기에 아내는 자신의 상황을 이야기해주는 것이 중요하다. 남편이 알아서 토닥여 줄 것이라는 착각은 버리자. 말하지 않는다면 아무도 나의 고통과 아픔을 나만큼 알지 못한다. 남편 또한 자신의 불만을 이야기하지 않는 한, 아내는 남편이 왜 그리 화가 나 있는지 알 수가 없다.

부부는 서로를 보듬어야 할 의무가 있다. 서로의 마음을 안아줄 사람은 배우자밖에 없다는 걸 기억해야 한다. 내가 그를 안아주지 않으면 그 또한 나를 안아줄 여유를 만들어내지 못한다. 자신의 상처를 돌보는 것으로도 이미 충분히 지치기 때문이다.

오랜 기간 연애를 하고 결혼에 골인해 십수 년을 살아온 지금에 와서 성격 차이가 불화의 원인이라고 단정 짓기에는 뭔가 꺼림칙하다. 병수-윤아 커플 외에도 여러 부부가 갈등 요인을 '성격 차이'라고 말하지만, 알고 보면 원활하지 못한 성관계, 시댁이나 처가댁과의 대립, 폭언이나 방임으로 인해 쌓인 불만 등 갈등은 각양각색이다. **즉, 부부관계에서 '성격 차이로 인한 갈등'이란 몹시 복합적이고 은밀한 여러 원인이 겹겹이 쌓인 총체이다. 그 안에 숨어 있는 실제 이유를 파악하고 서로 절충해야 한다.**

결혼할 당시 우리는 어떤 마음가짐이었을까?

나는 결혼할 당시, 결혼을 대하는 마음가짐, 부부란 무엇이고 남편과 아내의 역할은 무엇인지에 대한 고찰이 없었다. 그저 내 머릿속에는 10년이라는 긴 연애 생활을 하루빨리 청산하고 싶은 마음뿐이었다. 그때 내 머릿속을 채운 건 오직 웨딩드레스가 나의 찬란한 날에 돋보이길 바랐고, 식을 마치고 얼른 신혼여행을 떠나 푹 쉬었으면 좋겠다는 '허영과 헛된 생각, 조급함'으로 가득 차 있었다. 그리고 '어찌어찌 잘 살겠지.'라는 막연한 확신만 있었다.

이렇게 나이 서른에, 결혼에 관한 생각은커녕 부부로서 그와 나의 관계에 대해 회고해 볼 틈도 없었다. 결혼은 그저 오랜 연애 기간 후 밟는 의례적 순차에 불과했고, '이 정도 연애했으니 이제 결혼해야지.'라는 가벼움은 비극을 불러들였다.

미숙한 두 성인의 결혼은 재앙 그 자체였다. 긴 연애 기간에 비해 상대 가정에 대한 객관적 인지도는 미흡했고, 배우자의 가정폭력과 외도로 결국 내 손으로 결혼생활을 정리해야만 했다. 주변에서는 이상한 사람을 만난 것이 불운이며, 일찍 헤어지지 않은 내게 미련스럽다고 질타를 했다.

지금의 나는 생각이 조금 다르다. 배우자가 될 사람과 그 가정을 객관적으로 보지 못한 것도, 진작 헤어지지 못해 미련스럽게 질질 끈 것도 원초적인 문제는 아니었다.

결혼과 부부란 무엇인지 진정한 개념조차 정립되지 않은 내가, 결혼 적령기가 됐다고 사회적 관념에 등 떠밀려 무작정 결혼한 게 근원적 문제였다. 내 인생을 대하는 경솔함과 감정적 태도가 파경을 초래한 원인인 것이다.

결혼에 필요한 건 적령기가 아닌 진중한 태도

결혼 적령기를 떠나 결혼에 대한 의미와 결혼생활의 품격, 부부로서 의무와 도리에 대한 교육은 필수 불가결이다. 이때 남의 말이나 주변의 조언 따위는 중요치 않다. 연애에 큰 비중을 두지 않거나 심지어 비혼주의를 선언하는 이들이 많아진 21세기, 결혼은 꼭 해야 할 통과의례가 아니다. 그리고 만약 결혼을 앞둔 이가 있다면 반드시 갖춰야 할 건 결혼을 위한 신중한 마음가짐과 준비, 그리고 예비부부로서의 교육이다.

'난 이미 결혼했는데 이런 말이 다 무슨 소용이지?'라고 생각하는가? 당신이 이혼을 생각할 정도로 결혼생활이 힘든 이유가 그다지 나와 다르지 않을 것 같기에 콕 짚어 알려주는 것이다. 과거 당신이 꿈꾸던 결혼의 목표가 결혼해서 자신을 닮은 자식을 하나 또는 둘쯤 낳고, 몇 년 안에 내 집 마련을 하는 것이 아니었길 바란다. 이런 건 살아가는 과정을 구체화한 것이지 결혼의 본질이 아니다.

부부로 이뤄진 가정은 사랑과 신의로 맺어진 최소한이자 가장 중요한 사회 단위이다. 사랑으로 맺어진 '가정'이라는 것이 참 아이러니하게도 마음가짐에 따라 쉽게 무너질 수도 있다. 그러기에 부부는 제일 가깝고도, 가장 예의를 지켜야 하는 관계이다.

부부관계를 위해 당신은 평소 어떤 노력을 하고 살았는가. 그 노력은 당신이 판단한 노력인가, 아니면 상대가 바랐던 노력인가? **"노력했는데 왜 알아주지 않아?"라고 하소연하기 전에 상대가 바라는 게 무엇인지 고려하거나, 먼저 상대에게 의사를 묻고 행하는 태도가 필요하다.**

부부관계에서 나의 문제를 파악해야 행복한 인생을 맞는다

내가 부부 싸움의 원인을 기록하고 공부하며 성찰하지 않았더라면, 그 어떤 좋은 사람을 배우자로 맞이한들 여전히 똑같은 양상의 부부생활을 하고 있었을 것이다. 마지막까지 애쓰지 않았다면, 회복되지 않는 아픔과 아이를 향한 죄책감, 그리고 회한 가득한 눈물로 내 삶은 얼룩졌을 테다. 어떤 부부든 나부터 깨닫고 행동하고, 나부터 변화해야 한다.

아이가 있다면 더욱 그래야만 하지 않을까. 아이는 본인의 뜻이 아닌 부모의 의지로 세상에 나왔다. 그러니 부모로서 일말의 책임감을 지니고 좀 더 성숙하게 문제를 바라보자. 부부간의 대화가 힘들다면 전문가를 찾아가 상담을 받는 걸 강력히 추천한다. 상담사가 부부의 갈등을 풀기 위한 중재자 역할을 해주어 더 큰 싸움으로 번지는 걸 방지해준다.

삶이 평생 탄탄대로가 아니듯 부부관계도 항상 좋을 수만은 없다는 사실을 우린 알고 있다. 늘 좋을 수만은 없는 부부관계를 풀어나갈 수 있는 슬기가 있는 사람, 자기 인생을 돌아보고 성찰한 사람은 틀림없이 행복한 인생을 누릴 기회도 거머쥘 수 있다.

위기가정 처방법

결혼할 당시의 마음가짐으로 돌아가기

* 서로 다른 성별을 가진 배우자에 대한 근본적인 이해가 꼭 필요하다.

* 상대의 역할만 따지지 말고, 배우자로서 본인의 역할은 잘하고 있는 지 객관적으로 적어본다.

* 결혼을 결심할 당시의 초심, 그때의 사랑을 돌이켜 본다.

* 평소 부부간의 대화를 녹음해서 들어본다. 특히 자신의 말투를 녹음 하고 들어보며, 고쳐야 할 부분을 의식적으로 개선한다.

* 관계 개선을 위해 부부 상담을 받아본다.

· 함께 읽으면 더 좋은 도서 :

『거짓말을 하는 남자, 눈물을 흘리는 여자』 앨런 피즈, 바바라 피즈, 김영사

새로운 마음의 준비가 필요해

행복의 바다로 새롭게 출항하는
이혼가정

현재 초등학교 전체 학생 중 3분의 1에 해당하는 인원이 이혼가정의 자녀일 정도로 이혼율이 급속히 늘어나는 추세다. 자녀가 없는 가정의 이혼은 이보다 몇 배가 더 많다고 하니 이제 이혼은 한국 사회에서 더는 낯설고 문제적 의미를 담은 이슈가 아니다. 우리는 급속히 증가하고 있는 '이혼가정'이라는 하나의 명제를 예전과는 다른 시각으로 바라보아야 한다. 무조건 연민이라는 색안경을 끼고 보거나 불명예스러운 낙인의 손가락질을 할 것이 아니라, 새로운 형태의 '가족의 탄생'으로 보는 것이 온당할 것이다.

이혼가정이 아닌 새롭게 시작하는 '새 가정'

나에게는 살면서 하지 말아야겠다고 다짐한 두 가지 행동이 있다. 첫째, 다른 사람의 험담이 나오는 자리는 다시는 나가지 않는다. 내가 청렴결백해서라기보다는 나 역시 아픔이 있어서 화두에 오르는 이가 얼마나 곤욕스러울지 알기 때문이다.

우리 모두 저마다 나름의 사정이 있지 않은가? 알 수 없는 타인의 인생에 대해 이러쿵저러쿵 유추하거나 선입견 혹은 편견을 늘어놓는 자리가 가시방석 같다.

둘째, 타인의 아픔을 들으면서 '어떠실지 이해돼요.'라는 식의 말을 삼간다. 그와 다른 내가 상대방이 지닌 상처와 아픔을 온전히 이해하는 건 불가능하지 않을까. 내가 해줄 수 있는 건 오직 저미는 가슴으로 모든 얘기를 들어주고 조용히 어깨를 내어 주는 것이다.

이번 장에는 **'이혼 후의 삶'**에 관한 이야기를 하려 한다. 나는 이혼 후 새롭게 꾸려진 가정을 '이혼가정'이 아닌 '새 가정'이라는 단어로 부르고 싶다. 이혼 자체도 커다란 아픔이기에 굳이 주홍글씨처럼 '이혼'을 되새김질하지 않고 싶어서다. 이혼을 하고 나면 우리가 예상했던 범주를 넘어서는 일이 생각보다 많다. 자녀가 있다면 그 변수는 예측불허하다.

이혼의 아픔을 함께 겪어야 하는 자녀의 상처

소현은 엄마 아빠의 이혼 사유를 묻는 딸의 질문에 어떻게 대답해야 할지 몰라 쩔쩔맸다. 사춘기라서 부모의 이혼으로 아이가 엇나갈까 봐 늘 조심스러웠는데 드디어 올 것이 오고야 말았다. 소현은 급기야 부모 상담을 신청했다. 상담을 받은 뒤 소현은 저녁 식사 때 딸아이와 대화를 시도했다.

"음, 주희야, 지난번에 엄마랑 아빠 왜 이혼했냐고 물어봤지?
너도 학교에서 유독 잘 안 맞는 친구가 있지 않니?"

밥을 입에 한가득 넣은 딸은 빤히 엄마를 쳐다보며 듣기만 했다.

"엄마랑 아빠도 처음에는 하나밖에 없는 절친인 줄 알았는데,
막상 같이 살아보니 안 맞는 게 많더라. 고민 끝에 어쩔 수 없이 헤어졌어. 엄마도 아빠도 우리 주희에게 정말 미안해. 엄마는 주희가 아빠랑 계속 편하게 연락했으면 좋겠어. 아빠는 주희를 엄청나게 사랑하거든. 아빠도, 엄마도 여전히 주희를 사랑해."

이혼을 하게 되면 아이는 '자신 때문에 부모님이 헤어졌구나'라며 자책하고 자신을 원망한다. 따라서 자녀가 이혼의 원인을 물을 때에는 절대 자녀 때문이 아님을 똑바로 각인시켜야 한다.

강현은 아내와 헤어지고 아이를 혼자 키운다. 부모님이 계시지만 아이 앞에서 아이 엄마에 대한 험담을 아무렇지 않게 내뱉는 부모님을 보고는, 거리를 둔 곳으로 거주지를 옮겼다. 강현의 아이는 엄마 아빠가 공존하던 삶이 아닌 아빠와 둘만 지내는 새로운 일상을 보내기 시작했다. 짐작했던 일이지만 아이는 늘 엄마를 그리워하며 힘들어했다. 옆에서 지켜보던 강현은 마음이 아팠지만 한 번은 거쳐야 할 관문이라 여기고 아이의 고통을 다른 방식으로 보상해주었다. 그는 아이에게 혼란을 안겨준 미안함에 아이가 원하는 것은 무엇이든 조금의 망설임 없이 제공해주었다. 강현은 그것이 아빠로서 해줄 수 있는 최선이라 생각했다. 엄마 쪽도 별반 다르지 않았다. 가끔 아이에게서 전화가 오면, 엄마는 통화 끄트머리에 필요한 게 없는지 묻고 메신저로 기프트콘을 보내거나 용돈을 송금해줬다.

선물, 즉 물질에 의한 보상은 우선순위가 있다. 진심이 먼저가 닿고 선물을 주면 의미가 흐려지지 않지만, 아이의 상처가 사랑으로 아물기도 전에 선물 공세만 한다면 그땐 아이의 가치관

마저 물질주의로 변질되기 쉽다. 마음에 남겨진 상처는 사랑과 대화로 먼저 치유되어야 한다.

헤어진 배우자이기 전에 내 아이의 엄마와 아빠임을 상기하자

이혼한 부모가 부지불식간에 흔히 범하는 큰 잘못 중 하나가 자녀 앞에서 배우자의 욕을 하는 것이다. 이는 양가 어른도 마찬가지이다. 헤어지면 남이라 생각해 아이 앞에서 쉽사리 막말을 던진다. 심지어 자녀가 헤어진 배우자를 닮기라도 하면 "지 엄마 닮은 거 봐.", "아빠 판박이더니 하는 짓도 똑같네."라며 눈살을 찌푸리거나 못마땅한 기색을 거침없이 드러내는 사람이 있다.

부모의 이혼으로 뜻하지 않은 아픔과 피해를 보는 건 오롯이 '자식'의 몫이다. 아이의 마음속에는 아빠나 엄마에 대한 소중하고 보송한 추억들이 가득할 것이다. 그것마저 짓밟는 행위는 정서적 학대나 다름없다.

이혼은 당신과 배우자의 관계 단절이다. 배우자에 대한 증오를 자식에게까지 전이시키는 건 철없는 부모가 하는 행동이다. 이혼했다고 해도, 아이 앞에선 배우자를 아이의 부모로서 존중해주어야 한다.

자녀는 부모의 부정적 감정을 받아주기 위해 존재하는 사람이 아니다. 새 가정이라면 자녀를 안정적으로 키울 수 있도록 자녀

앞에서 더욱 언행을 조심해야 한다.

부모의 이혼으로 마음이 병든 아이가 당신과 함께 한쪽 부모를 험담하는 것으로 위안을 얻는 건 아니지 않은가.

경제적인 이유로 양육권을 미루는 비극
한 번은 지인인 변호사에게 충격적인 말을 들었다.

> "대부분 이혼하고 아이를 서로 키우겠다고 싸울 것이라 생각
> 하지만, 의외로 양육권을 서로 양보하는 사건이 더 많아요. 심
> 지어 양육비도 안 내겠다며 면접권(비양육자 부모가 아이를 정기
> 적으로 만나는 권리)마저 포기하겠다고 싸우기까지 해요."

그는 무거운 한숨을 내쉬며 쓴웃음을 지었다. 생경한 이야기인가? 그런데 이 일이 자신의 일이라고 생각해 보자. 이혼 후 양육은 그리 단순한 문제가 아니다.

이혼하고 혼자서 아이를 키우며 생활하려면 헤쳐나갈 난관이 한두 개가 아니다. 상대방이 양육비까지 거부하며 배짱이라도 퉁기면 그간의 생활비에서 절반, 아니 그 이상이 줄어드는 셈이다. 더 힘든 경우는 양육자가 경력단절인 경우다. 결혼으로 인해 육아에만 전념했다면 경제적인 압박은 가히 심각한 수준에 이른

다. 고로, 상황이 이렇게 극단으로 치달으면 피눈물을 삼키며 양육권을 포기할 수밖에 없다. 이처럼 단지 경제적인 이유로 생이별을 해야 한다면 그 이후 자녀가 겪어야 할 정신적 스트레스는 이루 말할 수 없다.

이혼은 책임감이 가중되는 독립의 실현이자, 혹독한 현실의 바다로 새롭게 출발하는 항해와 같다. 당신이 혼자라면 '전보다 더 잘 살아야 한다'라는 스스로에 대한 책임감, 자녀가 있다면 '편모나 편부 슬하 자녀라는 낙인이 찍히지 않게 전보다 더 잘 키워야 한다'라는 이중 책임감을 지니게 된다. 그러니 이혼을 생각 중이라면 부디 돌다리를 두드리듯 신중히 준비하길 바란다.

만약 당신이 이혼을 고려한다면 미리 준비해야 할 사항은 아래와 같다.

- 심리 치유하기 : 가족을 위해서 필히!

- 아이의 심리 상담하기 : 외상 후 스트레스 장애 예방

- 일자리 찾기 : 경제적 자립 및 안정

- '한 부모 가정 지원금'을 비롯한 새 가정에 대한 각종 지원금 신청

- 내 감정을 분리하고 아이 앞에서 배우자를 부모로 존중해주기

- 아이와 배우자의 면접 혹은 연락을 정기적으로 허가하기

- 아이가 이혼 사유를 물으면 친절히 대답해 주기(앞선 사례 참고)

- 아이에게 애정 표현과 스킨십을 많이 해주고 대화 나누기

- 노부모에게 이해를 바라거나 의존하지 않기 : 정신적 독립

- 힘들다는 이유로 음주나 게임, 도박 등 단편적인 유흥의 유혹에 빠지지 않기

심리상담사 이지영 교수의 저서 『나를 잃어가면서 지켜야 할 관계란 없다』에서는 부부간의 갈등이 고스란히 아이에게 상처가 되고, 지속적인 싸움이 자녀의 인생에 얼마나 큰 영향을 미치는지 여러 사례를 통해 보여준다.

이혼은 모든 걸 감내할 각오를 다지며, 어렵게 결정한 당신의 최종 선택이다. 상처투성이인 가정이 모두에게 해롭기에 억지로 끌고 가기보다는 헤어지는 게 낫다고 결단했을 것이다. 아이가 개선되지 않는 폭력이나 폭언, 가족을 전혀 배려하지 않는 이기적인 부모의 만행을 보며 자라는 것보다는, 비록 상처를 받았을지라도 새 가정에서 커가는 게 차라리 나을 것이다. 새로 시작하는 가정에서 차차 사랑으로 다친 마음을 보듬어주면 될 일이다.

"

아이의 자그마한 손을 잡고 당당하게
새 인생에 발을 내딛길 바란다.
전보다 한층 성숙한, 더 지혜로운 마음으로 문을 여는
새 가정에 행복이 충만하기를 기도한다.

"

이혼가정
새로운 가정을 맞이하기 위한 준비사항

* 헤어진 후 상처받은 마음을 치유하는 것이 우선이다.

* 자녀가 있는 가정의 경우, 아이의 잘못으로 헤어진 게 아니라는 걸 대화로 인지시킨다.

* 경제적 자립을 위해 국가의 '한 부모 가정지원' 혜택을 알아보고 신청하여 지원을 받는다.

* 아이 앞에서 전 배우자를 험담하지 말며, 변함없는 아이의 부모라는 마음으로 존중한다.

* 아이와 전 배우자의 면접과 연락을 원활히 협조한다.

* 힘들다고 무언가에 기대거나 중독되지 않도록 조심하자.

* 이혼을 앞둔 이들이 읽으면 더 좋은 도서 :

『너는 나에게 상처를 줄 수 없다』, 배르벨 바르데츠키, 걷는 나무

난 엄마, 아빠처럼 살지 않을 거야

네 친구들은
진작 취업해서
부모 용돈 주고,
결혼해서 애도 낳는데

넌 뒤늦게
책만 펼치고 있으니
어느 세월에
자리 잡을래?

그냥 믿고
지켜봐 주시면
안 돼요?

너야말로
엄마 봐서 이제
돈, 시간 그만 버리면
안 되겠니?

한심한 녀석…

부모라면
날 믿어줘야
하는 거 아냐?

담아낼수도, 담기기도 힘든
어그러진 부모-자녀 관계

 부모는 한 사람의 인격이 형성되는 중요한 시기에 막대한 영향을 끼치는 존재이기에 부모와 자식 관계는 보통의 인간관계보다 긴밀하다. 하지만 이 영향력에 비해 훌륭한 부모가 존재할 확률은 턱없이 낮다. 그만큼 날것과 다름없는 한 사람의 인격을 썩 괜찮은 인성을 갖추도록 성장시키기는 무척이나 어려운 일이다. 우리는 어떻게 하면 좋은 부모가 될 수 있을까?

담아내는 것과 담기는 것, 부모와 자식의 관계

 정신분석가이자 대상 관계 이론을 세운 심리학자 윌프레드 비온이 발표한 '담아내는 것'과 '담기는 것'이라는 개념은 부모-

자녀 관계에 적용할 수 있다. 그는 자녀가 어떤 감정을 내뿜고 왜 슬퍼하고 화를 내는지 알 수 없는 부모라도 (아이보다는 좀 더 성숙하기에) 자녀의 마음 상태를 충분히 담아낼 수 있어야 한다고 말한다. 자녀는 자신의 부모를 통해 감정을 조절하는 법을 배우게 되며, 같은 상황에 놓였을 때 부모를 보고 배운 대로 대처하기 때문이다.

당신의 부모는 어린 시절 당신을 충분히 담아냈는가?

석준은 공무원 시험을 준비하고 있다. 공무원 시험에 한 번 낙방을 한 후 1년이 조금 지났을 때 갑자기 석준의 어머니가 방문을 벌컥 열고 들어와 시험공부를 당장 때려치우라며 성을 냈다. 이유인즉, 주변 지인의 이야기를 전해 들은 어머니가 아들의 상황이 다른 자녀와 너무 비교돼 불안했던 것이었다.

> "아직 이루지 못한 꿈이 있어요. 고심 끝에 큰맘 먹고 직장을 정리하고 모아둔 돈으로 시작한 공부예요. 다른 사람은 몰라도 부모만큼은 절 묵묵히 믿고 기다려주시길 바랐어요. 그런데 어머니는 저를 못 믿으세요. 한심하게 쳐다보는 그 눈빛도 싫고요, 부모가 어떻게 이럴 수 있죠?"

석준은 엄마의 핀잔에 상처받아 감정의 절벽 끝으로 서서히 자신을 몰아붙였다. 석준의 부모는 사회 통념과 주변 시선이 자식의 소신보다 중요했다. 석준은 자신의 편이 되어주지 못하는 부모가 원망스러웠고, 세상에 홀로 버려진 느낌마저 들었다.

많은 심리학자는 부모는 자식에게 우주와 같이 커다란 존재라고 말한다. 부모는 자식에게 생존이자 내 생명을 잉태하고 길러준 절대적인 믿음의 존재이다. 세상 모든 사람이 손가락질해도 내 부모만큼은 날 믿어주고 지켜준다면 두려울 게 없다. **부모가 지지해준다면 실패하더라도 우리의 자존감이 바닥까지 떨어지진 않을 것이다.**

'잘 산다'는 의미를 자신의 기준에 끼워 맞춘 이기적인 부모

혜영은 불가피하게 이혼을 했다. 이혼 후 그녀가 찾아간 친정에서 그녀는 보수적인 부모로부터 모진 냉대를 당했다. 혜영은 냉담한 부모의 반응에 친정을 향한 발길을 끊었다. 그리고 몇 년 후 좋은 사람을 만나 재혼하고 안정된 생활을 하다 큰 용기를 내어 아버지에게 전화했다. 하지만 아버지의 반응은 기대와 달랐다.

"왜 전화했어? 애들이나 잘 키우고 나한테 연락도 하지 마!"

억장이 무너진다. 실낱같은 희망으로 엄마에게 전화했으나 엄마 역시 그 작은 희망의 촛불에 찬물을 끼얹었다.

"TV보면 남들은 혼자서 애 잘만 키우는데 넌 뭐하러 결혼을 또 해? 너 하는 짓이 마음에 안 들어서 네 전화 일부러 피했어, 왜!"

오랜만에 통화한 엄마는 앞서 아버지가 그녀 가슴에 꽂은 비수를 다시는 뽑을 수 없도록 쾅쾅 때려 박았다. 확인 사살이나 다름없었다. 딸이 얼마나 힘들게 살았는지 알기는 하냐는 그녀의 물음에 엄마는 간결하고 묵직한 한마디를 던졌다.

"너 원래 혼자서 잘 먹고 잘 살잖아."

그녀가 부모와 통화를 한 그날, 귓가를 내리친 부모의 맹비난과 독설은 겨우겨우 아물어가던 그녀의 상처를 잔뜩 들쑤셔버렸다. 넋이 나간 채 일과를 마치고 집에 들어온 그녀는 그날 자해를 했다. 시간이 흘러도 여전히 부모가 자신을 내팽개치는 걸 보니, 자신이 한낱 먼지처럼 쓸모없게 느껴졌다.

부모로 인해 아픈 건 당신 잘못이 아니다

혜영은 자식을 위해 모든 걸 내던질 정도로 모성애가 강했다. 그러나 정작 그녀의 부모는 자신들의 기준에 부합하는 삶을 살지 못한 딸이 부끄럽고 못마땅해서 자식 담아내기를 포기했다. 그녀의 부모는 딸에 대한 사랑보다 자기 감정과 사회의 시선이 더 중요했고, 부모로서 이기적이고 미숙했다. 혜영은 부모로부터 버림받았다는 사실에 목놓아 울었다.

> "엄마, 아빠라는 사람이 어떻게 이리 모질 수 있어요? 당신들이 낳은 자식이잖아요! 부모가 자기 마음에 안 든다고 딸과 인연을 끊는다고요? 이혼을 하면서 가장 고통받은 사람이 누군데, 누구는 이렇게 살고 싶었나요? 그 힘겨움 다 버티며 살았는데. 그까짓 자기 체면과 사회 통념이 딸보다 중요한가요?"

세상에 나쁜 부모는 없다지만 못된 부모는 존재한다. 나쁘다는 것과 못되다는 개념은 다르다. 나쁘다는 옳지 않음을 표현하고, '못되다'는 심성이 고약한 걸 일컫는다. 오늘날 못된 부모에게 상처받은 성인이 한 집 건너 하나씩 있다. 이들은 그 고통을 등에 업은 채로 부모가 되어 자신의 부모로부터 끊어내려 했던 어두운 그림자를 자신도 모르는 사이에 자녀에게 대물림한다.

이 악순환이 이어지는 현실에 탄식이 저절로 새어 나올 뿐이다.

"혜영씨 잘못이 아니에요. 그건 부모님이 못된 거예요."

혜영은 내 말을 듣자마자 울음을 터트렸다. 그녀는 위태로워 보였다. 나는 그녀에게 빈 의자 위에 그녀 부모의 사진을 올려놓고, 부모님이 앞에 계신다고 가정하고 못다 한 이야기를 토해내라고 요청했다. 오랜만에 부모의 사진을 본 그녀는 비로소 자신의 진짜 속마음을 대면할 수 있었다. 혜영은 몇 년 동안 얼굴 한 번 보지 못한 부모님이 몹시 그리웠다는 걸 알게 되었다. 그녀는 자신을 못마땅해하는 부모를 아직도 가슴 깊이 사랑하고 있었다. 혜영은 자신이 아직도 부모님께 사랑받고픈 덩치만 큰 아이였다는 걸, 부모에게 위로받고 싶었다는 걸 깨닫게 되었다. 혜영은 꺽꺽거리며 외쳤다.

"가장 힘든 시기에 내 편이 되어줘야 하는 거잖아. 온 세상이 손가락질해도 엄마, 아빠는 내 부모니까 그러면 안 되잖아. 상처를 줘서 미안하다고 사과해야 하잖아. 부모가 어떻게 자식한테 이래!"

부모를 미워하는 것 또한 죄가 아니다

그녀는 깊숙한 곳에 쌓아둔 분노를 죄다 게워냈다. 키워준 부모를 원망한 자신이 천하의 호래자식이 아닐까 싶어 무의식중에 죄의식에도 사로잡혔던 혜영. 매몰찬 부모가 미우면서도 한편으로는 그런 부모를 원망하는 자신이 옳지 못하다며 자기 가슴을 거세게 치던 그녀의 두 주먹은 서서히 펴졌다.

자식이 부모를 미워하는 게 잘못된 것일까? 이유가 충분하다면 미워할 수 있다. 제아무리 자식이라도 자신을 거부하는 부모를 미워하는 건 전혀 거북하다고 느낄 감정도, 부도덕한 일도 아니다. 세상에는 어리석고 이기적인 부모가 차고 넘친다.

- 자식을 버리고 자기 인생만 좇는 부모

- 자식이 원하는 인생을 살지 않는다고 타박하는 부모

- 양육은커녕 향락에 빠져 도박, 술에 찌든 부모

- 사기당해 빚을 지고는, 자식이 이를 수습해주는 게 마땅하다고 여기는 부모

- 성폭행을 당한 자식을 수치스럽게 여기며 쉬쉬거리는 부모

- 마음이 아픈 자식을 탓하는 부모

- 훈육이라는 핑계로 폭행과 폭언을 휘두르는 부모

- 평생 타인과 비교하며 자기만의 기준으로 자식을 힐난하는 부모

대부분 우리네 부모는 참부모에 대한 교육을 받지 못했고, 그들 또한 무조건적인 사랑을 받아본 경험이 없다. 우리는 사랑에 대한 온도가 다른 상태로 덜컥 부모가 되어버렸다. 부모라는 이름표를 달았다는 이유로, 모두가 한없이 자식을 품는 너른 마음과 무한한 사랑을 지닌 태도가 나오는 건 아니다. 그러니 부모를 증오하는 자신을 책망하던 마음을 내려놓고 자기 자신을 꼭 안아주길 바란다. 당신과 당신 인생을 비난하고 질책하는 부모를 미워하는 것은 자연스러운 감정이다. 당신은 아무런 잘못이 없다.

부모에게 필요한 건 자녀를 향한 무조건적 사랑

세상에 완벽한 부모는 없다. 모든 부모가 자신의 역할을 잘하는 건 아니지만, 누구든 실수를 하며 한 뼘씩 자라듯이 부모도 자신을 시시각각 돌아보고 성장해야 한다. 부모와 자식 간에 차갑게 얼어붙었던 마음과 마음 사이에 작은 물꼬 하나가 터지면 미움은 눈 녹듯 사라진다. 형제와 비교당하며 엄마와 관계가 좋지 않았던 심리학자 아들러의 열등감을 지워주고, 낮아진 자존감을 세우는 데에는 아버지의 사랑과 믿음의 공이 컸다.

당신은 지금 당신의 자녀에게 어떤 부모인가? 당신은 무조건적인 사랑을 주는 부모인가? 태양은 아무 조건 없이 우리에게 빛을 내려준다. 오늘은 기분이 좋아서 햇볕을 강하게 비추고, 착한 일을 한 사람을 인정해주고자 온온한 햇살을 내려주는 게 아니다. 따뜻한 응원과 조건 없는 사랑은 사람을 단단하게 세워준다.

우리 자신부터 무조건적인 사랑을 줄 수 있는 좋은 부모가 되어야 한다. 아니, 괜찮은 부모만 되어도 앞날은 환하다. 그러기 위해선 부모에게 상처를 받은 당신, 그릇된 부모로 인해 고통받는 당신이 얼마나 소중한 존재인지 가슴에 새겨야 한다. 꼿꼿한 자존심과 세월이라는 갑옷으로 에워싼 당신의 부모를 변화시키는 일은 허사가 될 가능성이 크다. 차라리 그 힘으로 당신이 얼마나 특별하고 귀한 존재인지 깨우치고 나 자신을 사랑하는 게 더 숭고하다.

부모에 대한 미움을 자책하지 말기

* 부모에게 받은 상처를 상식의 영역에서 이해하려 하지 마라.

　고질적 갈등이 있는 부모와는 적당한 거리를 두는 게 좋다.

* 내 상처부터 돌보아야 한다. 그 상처는 내 잘못이 아니라는 걸 기억하

　고 명상, 신앙, 독서나 심리상담을 통해 치유한다.

* 부모를 변화시키려 애쓰기보다는 내 생각과 에너지의 방향을 나 자신

　과 내 가정을 향해 돌리자.

* 부모를 미워하는 마음 때문에 자신을 자책하지 않는다.

　경우에 따라, 자식도 부모를 미워할 수 있다.

· 부모와 함께 읽으면 더 좋은 도서:

『나는 상처를 가진 채 어른이 되었다』 오카다 다카시, 프런티어

『깨어있는 부모』 세팔리 차바리, 나무의마음

남들과 다르지만 우린 가족이에요

지금껏 경험하지 못한
New type family의 탄생

어느 날, 인터넷 뉴스를 뒤적이다가 지난 기사의 헤드라인이 눈에 들어왔다. 그 기사에는 이런 내용이 실려 있었다.

"최근 발간한 '다양한 가족에 대한 인식 변화와 시사점' 이슈 분석에 따르면 초혼 핵가족 구성의 가구는 조금씩 감소했고, 재혼이 차지하는 비중과 한부모 가족은 증가 추세를 보였다. (중략) 주목할 만한 것은 혼인 및 혈연 이외의 관계로 형성된 가구, 전통적 가족 구성에서 벗어난 가구의 수가 눈에 띄게 늘어났다는 점이다."

<기사 출처 : 경기신문>

이 내용을 읽으며 '우리 같은 가족이 생각보다 많구나.'라는 생각에 위로받는 이도 있고, '세상이 어찌 점점 더 요상하게 돌아가네.'라며 씁쓸한 표정을 짓는 이도 있을 것이다. 우리는 새로운 가족 형태에 대한 인식을 전환해야 하는 기점에 서 있다. 21세기 '가족'이라는 것은 어떤 의미일까?

물보다 진하다는 이유로 마음에 피멍을 들게 하는 가족

중학교 동창인 주희, 정원, 희수는 셋이서 똘똘 뭉쳐서 살고 있다. 이들 셋은 비혼주의자이다. 주변에서 이혼 가정의 아이들이 정신적으로 점차 피폐해지는 걸 지켜보며 비혼을 마음먹었다. 또 이들은 모두 한 부모 가정에서 자랐다는 공통점도 있다. 어릴 적, 주변 어른에게 스치듯 들은 말이 아직도 잊히지 않는다.

"엄마 혼자 애를 키워서 저래."
"엄마 없는 애는 확실히 티가 난다니까."

어른들이 무심결에 뱉은 생각 없는 말이 그들의 가슴을 꼭꼭 찔렀다. 그럴 때마다 마음속으로 소리쳤다.

'난 괜찮은데, 나는 문제를 일으키지 않았는데 왜 그런 말을 들어야 하지?'

"왜 우리가 죄책감을 느껴야 하는지 뇌리에서 지워지지 않아요. 사실 제가 어떤 문제를 일으키거나 문제아였던 적도 없거든요. 조용한 아이였어요. 학교에서 있는 듯 없는 듯한 그런 아이. 이혼한 집 아이 티 난다는 소리가 듣기 싫어서 일부러 더더욱 없는 듯이 지냈죠."

내향형인 희수가 조용히 읊조렸다.

"학교 입학식 때마다 가족 구성원 조사하는 통신문을 나눠 줄 때 정말 싫었어요. 그 종이 하나로 편견이 시작되거든요. 잘하면 동정을 받고, 못하면 부모가 없어서 그렇다는 손가락질을 받았으니까요."

제일 활달한 성격인 주희가 호소했다.

"우리 셋은 가족이에요. 전 정말 우리가 가족이라고 생각해요. 가족이 꼭 혈연으로 맺어져야 하나요? 정원이랑 희수는 언제든 내 편이에요. 제가 뭔가 다른 길을 선택해도 비난하기보단 이해하려고 해줘요. 정말 아니다 싶을 땐, 조언해주고요. 절 위하는 진심이 느껴져요. 낳은 자식인데도 평생 찾을

생각하지 않는 엄마보다는 힘들 때마다 제 곁에 있어준 희수
랑 정원이가 정말 제 가족 같아요. 이런 관계가 진짜 가족 아
닌가요?"

주희의 이야기를 듣고 있자니 그들은 세상이 만들어 놓은 '가
족'이라는 개념보다 더 가족다운 가족이었다. 우리가 소위 '정상
적인 가족'이라고 일컫는 관계에서도 늘 크고 작은 말썽들은 일
어나기 마련이다. 하지만 이런 문제들은 당연한 듯 여기면서 조
금이라도 다른 형태의 가족에서 일어나는 문제는 '단지 조금 다
른 형태의 가정'이라는 이유만으로 편견과 선입견을 부른다. 그
런 논리라면 양쪽 부모가 있는 집은 모두 행복하고 아이들이 올
바른 인성을 갖추며 성장해야 하는데 안타깝게도 그런 경우는
드물다. **부모의 존재 유무가 아닌 어떤 분위기와 관계에 놓인 가
족이냐가 자녀에게 더 큰 영향을 끼치기 때문이다.**

또 다른 피해자 해수는 가족 때문에 하루하루가 괴롭다. 한 살
차이인 동생이 해수를 무시하는 언행을 일삼지만, 부모는 늘 그
들 사이를 방관했다. 명절에 일가친척들이 다 모인 저녁 식사 자
리에서 대화를 나누던 해수의 동생은 여느 때처럼 해수를 자극
했다.

"야, 네가 언니면 언니답게 행동해야지! 그따위로 행동하니까
네가 언니 소리를 못 듣는 거야. 언니 같아야 언니라고 부르지."

 꼭 언니라고 대접할 필요는 없다. 하지만 적어도 언니를 '야'
라고 부르며 친척 앞에서 모욕을 줄 필요가 있을까? 이럴 경우
보통은 부모가 이를 중재하고 형제, 자매간의 존중과 우애를 가
르쳐야 하는데 해수의 부모는 이를 도외시했다.

"저는 가족 내에 존재 가치가 없어요. 왜 같이 살아야 하는지
이유를 모르겠어요. 동생한테 '언니' 소릴 들어본 적도 거의
없어요. 절 탓하고 화내고, 욕하고. 전 동생의 화풀이 대상으
로 태어났나 봐요. 더 큰 문제는 부모님이에요. 동생한테 한
번도 뭐라고 하지 않아요. 제가 하소연하면 '네가 언니니까 좀
참아.'라고만 하세요. 뭘 도대체 얼마나 참으라는 거죠?"

 해수의 우울증은 심각했다. 생의 끈을 놓아버리고 싶다는 생
각도 수시로 드는 그녀는 가족관계 개선이 시급해 보였다. 해수
는 가족 상담이 절실히 요구되는 상태이다. 이처럼 남이 아닌 가
족으로 인해 상처받고 자존감이 나락으로 떨어져 우울증을 겪는
사람을 주변에서 흔히 접할 수 있다.

진정한 가족의 의미를 새롭게 정의 내려야 할 시대

효*에 대한 개념이 시대에 맞춰 점차 다른 가치를 지니는 것처럼 가족에 대한 개념도 시대에 맞게 바뀌어야 할 것이다. 더는 '가족'을 혈연으로 맺어지는 관계로만 선을 긋고 규정짓지 않았으면 한다. 혈연이 아니더라도, 한 공간에 살지 않더라도 서로를 이해하고 사랑하는 관계가 진정한 가족이다. 있는 그대로의 날 사랑해주는 사람만이 진정한 가족이라 할 수 있다. 허구한 날, 치고, 박고, 욕하고 돌아가신 부모 재산 때문에 싸우고 한순간 남으로 돌아서는 사람들과 같이 사는 공간은 지옥과 같을 것이다. 그런 사람들을 '가족'이라고 부를 수는 없다. 이처럼 가족의 형태를 띠고 있다고 모두가 똑같은 가족은 아니다.

역으로 통상적인 가족의 모습을 띠지 않았다고 해서 가족이 아니라며 부정할 수 없다. 한부모 가정도, 할머니 혹은 할아버지가 아이를 키우는 가족도, 혈연의 연결 고리 하나 없이 마음과 뜻을 모아 사는 새로운 모습의 가족도 모두 가족이다.

이혼이 늘어나고 있고, 그에 따라 자연스레 비혼족과 딩크족(자녀가 없는 맞벌이 부부)이 증가하고 있다. 이는 부모가 부모답지 않고, 가족이 가족답지 않기에 벌어진 결과이다. 국가가 출산율 저하를 막아보겠다고 내놓는 온갖 달콤한 단기 정책보다 더 시급한 건 성숙한 부모가 되기 위한 예비부부 교육과 가족이라는 개념을 재조명하는 우리의 시선 변화이다.

당신의 가족은 나를 있는 그대로 품어 주는가? 가족은 날 사랑해주고, 내 아픔을 감싸주고, 묵묵히 바라보며 어떤 선택을 하든 믿어주고 격려해주는 사람이다. 만약 당신 가족이 그렇다면 당신은 참으로 행복한 사람이다. 그리고 꼭 한 핏줄이 아니더라도 머릿속에 떠오르는 든든한 누군가가 있다면, 그 사람이 나의 진정한 가족이라 할 수 있다.

오늘날의 가족은 이런 모습이다. **이해타산을 따지거나 나를 옳고 그름이라는 잣대로 판단하지 않고 '나'라는 사람을 그 모습 그대로 사랑해주는 사람이 진정한 가족이다. 그들로 인해 내 존재의 가치를 깨우치고, 더불어 사는 행복을 만끽할 수 있으니 말이다.**

가족으로부터 받은 상처 치유법

가족에 대한 개념의 폭을 넓히기

＊ 나를 아끼는 사람들을 떠올린다. 설령, 그 구성원이 혈연관계가 아니라도 괜찮다.

＊ '나를 사랑하는 가족 나무family tree'를 그려 본다.

＊ 내 상처로 인한 분노를 가족에게 풀지 않는지 나의 행동을 돌아보고 조절한다.

＊ 내 감정을 알기 위해 일기나 글을 써본다.

＊ '가족'이라는 개념에 대한 기존 편견과 고정관념을 내려놓는다.

＊ 함께 읽으면 더 좋은 도서:

『오은영의 화해』, 오은영, 코리아닷컴

『심리학이 분노에 답하다』, 충페이충, 미디어숲

나는 나대로, 상대는 상대방대로 '나다움'을 잃지 않는 동시에
개인의 상대성, '다름'을 인정하고 존중해주어야 건강한 관계가 성립된다.
모두가 날 존중해주기란 어렵겠지만 분명한 건 당신부터 상대를 존중하면
결국 상대도 태도를 바꾼다는 것이다. 이로써 이어갈 관계인지
스치는 인연인지도 분별할 수 있다. 당신은 어떤 사람이 되고 싶은가?
모든 건 당신 손에 달려 있다.

Chapter 3

각자의 색이 모여
새로운 조화를 만드는
'사회'라는 울타리

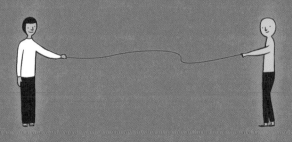

나와 똑같은 사람들이
주변에 모여 있다면 행복할까?
: 사회관계

"저랑 결이 너무 달라요. 만날 때마다 너무 힘들어요."

"참는 게 답이겠죠? 아니면 맞서야 저를 더는 안 건드릴까
요?"

발 빠르게 변화하는 시대 흐름 속에서도 변치 않는 고민은 바
로 '인간관계'이다. 명저로 손꼽히는 데일 카네기의 『인간관계
론』은 약 70년 전에 만들어진 책이지만 21세기인 지금까지도
줄기차게 읽힌다. 그 안에 실렸던 존 D.록펠러가 한 말은 인간관
계가 지닌 가치와 무게를 직관적으로 보여준다.

"사람을 다루는 능력 역시 설탕이나 커피처럼 사고파는 상품

이네. 그리고 나라면 세상 어떤 것보다 그 능력을 사는 데 훨씬 더 비싼 값을 치를 것이네."

이는 동서고금을 막론하고, 모든 사람이 변함없이 유사한 인간관계 문제로 속앓이하며 산다는 걸 방증하는 결과다. 형형색색의 사람이 부대끼며 사는 사회생활이 녹록지 않은 건 누구나 피부로 느낀다. 만날 때마다 남의 험담하기 바쁜 사람, 힘든 감정을 털어놓으면 뻔한 말로 지적하는 사람, "나 때는 말이야"라며 라떼 타령하는 인생 선배, 나이 많다고 초면에 말을 놓는 꼰대들을 우리는 어렵지 않게 발견할 수 있다.

우리는 이처럼 사회생활 속에서 때로는 격렬하게, 혹은 잔잔하게 갈등을 빚기도 하고, 어떤 때에는 대동단결로 하나 되어 연대를 만든다.

참 재미있는 사실은 들으면 기분이 안 좋아지는 비난과 평가는 타인도 싫어하고, 누구나 칭찬, 관심, 공감을 원한다는 이 간단한 원리를 알고 있으면서도 종종 망각하며 행동한다는 것이다. 왜 우리는 같은 실수와 갈등의 고리를 반복하는 걸까?

이번 챕터에 나오는 상황별 처방전은 당신이 겪고 있는 난관을 헤쳐나가는 데 꽤 쓸모가 되어줄 것이다. 행하지 않는 지식은 머릿속에 쌓이는 무효한 쓰레기나 다름없다. 무심코 읽어 넘기지 말고, 처방전대로 실천해 보길 바란다. 꾸준히 실행한다면 당신이 몸담은 사회생활에서 적어도 한두 가지 갈등이 해소되는 희열을 맛보게 될 것이다. 생각으로만 가득 차면 복잡하지만, 행동으로 옮겨보면 단순한 게 우리네 인생살이이다.

언제 봤다고 반말이야

하하.
내 딸뻘이네.
한창 좋을 때야.

말 놔도
되지?

네…

네에?

딸이 몇 살이길래 회사에서
말을 놓는다는 거지?

왜 그래요?

과장님이
뭐라고 하세요?

아니요.
그냥 갑자기 말을
놓겠다고 하셔서

당황스럽네요.

아~
과장님 반말
기분 좀 별로죠?

요새 누가 어리다고
회사에서 반말을
하나요?

사적인 관계가 아닌데
윗분들 선 좀
지켜주셨으면 좋겠네요.

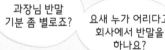

나이가
벼슬도 아니고

끄덕

관계의 물꼬를 트는
상호 존중의 언어

사회생활의 대부분은 직장 동료나 친구와의 관계가 차지한다. 생계를 위해 매일 출근해야 하는 직장에서 어려움이 발생한다면 그야말로 하루하루가 곤욕스러울 것이다. 그중 직장 내 관계에서 오는 불편함은 주로 세대 간 사고 차이, 혹은 동료와의 성격 차이로 발생한다. 대상은 다르나 그 원인은 매한가지이다. **대부분 '말'에서 비롯된다.**

관계에서 화를 만드는 불씨는 결국 언어이다

나이가 많다는 이유로 상사가 뜬금없이 말을 놓으면 당신 기분은 어떠한가. 누군가는 '친근해서 좋다'고 말할 수 있겠으나 대부분은 언짢아한다. 주영은 회사에서 불쑥 말을 놓는 부장님 때문에 껄끄럽다.

"저보고 제 나이가 당신 자식뻘이라며 언제부턴가 말을 놓으시더라고요. 양해를 구하지도 않았어요. 그랬다면 전 싫다고 말했을 거예요. 여기는 직장이잖아요. 제가 무슨 친자식인가요?"

주영이 다니는 회사의 부장님은 자신보다 나이가 한참 어리다는 이유로 상대에게 허락을 구하지 않은 채 일방적인 관계를 맺는 실수를 범했다. 부장이 주영에게 말을 놓기 시작하면서 그의 말투와 행동은 점차 선을 넘기 시작했고, 이로 인해 주영은 날로 스트레스가 늘어갔다.

상대방에 대한 존대는 사회관계에서 심리적 적정 거리를 유지하는 수단이자 예의이다. 사회에서 나이나 직위로 상대방에게 반말하는 그릇된 관행은 더는 대물림하지 않아야 한다. 부장이 주영에게 말을 놓기 시작하면서 그의 말투와 행동은 점차 선을 넘기 시작했고, 이로 인해 주영은 날로 스트레스가 늘어갔다.

인간관계에서 사용하는 언어의 형태는 실제 관계 구도에 큰 파급력을 미친다. 초면이라 존대할 때는 서로에게 존중과 조심성이 있으나 친분이 생겼다고 반말을 트게 되면 상대를 대하는 태도가 깃털처럼 가벼워지게 된다.

언어로 인한 갈등은 비단 수직적 상하 관계에서만 나오는 것이 아니다. 동료 간에도 말실수로 인해 갈등이 생기기도 한다. 아무리 가까워도 지켜야 할 선이 있기 마련이거늘 정도를 넘어가면 어느새 상대에게 자기 생각을 강요하는 사람도 있다. **자신의 경험에 비추어 정립된 가치관이 옳다고 믿기에 상대에게 자기주장과 생각을 슬며시 혹은 맹렬하게 밀어붙이는 것이다. 그리고 이것이 서로에게 존재해야 하는 '상호존중감'을 파괴한다.**

강현은 친한 동료와의 관계로 일상이 고달프다. 동료가 늘 강현의 의사나 취향을 무시하고 결국에는 자기의 뜻대로 몰아붙이는 독불장군 같기 때문이다. 하필 또 바로 옆자리라 매일 얼굴을 대해야 하는 현실에 출근조차 꺼려진다.

"처음에는 안 그랬어요. 서로 존중해주고 배려했어요. 그러다 나이도 같고 입사 동기니까 친해져서 어느 순간부터 말도 편히 놓기로 했거든요. 근데 시간이 흐를수록 주관이 너무 강해서 자기주장을 제게 강요하는 거예요. 동료인지 상사인지 헷

갈릴 정도예요. 부서도 같고 자리도 옆자리고 짜증 나요. 그

동료 때문에 이직까지 고민하고 있어요."

안타까운 건 어디를 가나 이런 사람은 꼭 하나씩 존재한다는 사실이다. 그럴 때마다 당신은 괴로움에 몸서리치거나 문제를 회피할 것인가? 해결 안 되는 관계를 끊을 수는 있지만, 피한다고 나아지진 않는다.

지혜로운 사람은 존중하는 언어로 관계를 얻는다

사회에서 상사든 동료든 친구든 모든 관계에는 '상호존중감'이 깃들어야 한다. 말 그대로 서로 상대를 존중해주어야 한다는 것이다. 이것이 무너지면 관계의 갈등이 일어나는 건 불 보듯 뻔하다. 겨우 대여섯 살 되는 어린아이도 존중받지 못한다고 느끼면 떼를 쓰고 화를 낸다. 그러니 상대에게 존중받길 원한다면 당신부터 상대를 존중해야 한다. 너무 당연한 얘기라고 생각하는가? 그렇게 느낀다면 오늘부터 자신의 언행을 꼼꼼히 돌아보기를 바란다. 이를 실천하는 것은 생각보다 꽤 어렵다. 평소 이를 실천하는 사람은 내 말에 격하게 공감할 것이다.

지금부터는 그저 존중받기만 원하고 상대에 대한 존중은 생각해보지 못했던 이들을 위해 구체적인 상호존중 대화법을 알려주겠다.

1. '그랬구나' 공감의 언어 사용하기

의사소통에서 가장 중요한 것은 공감이다. 그러나 한국인, 특히 그중에서도 남성들이 제일 실행하기 어려워하는 것이 바로 '공감'이다. 공감은 사람의 마음을 움직일 수 있는 가장 빠른 기술이다. 낯간지럽고 익숙하지 않다며 손쉬운 지름길을 놔두고 험한 길을 자처할 이유는 없다. 좋은 관계를 맺고 싶다면 눈 한 번 질끈 감고 '공감'을 실천해서 몸에 익히는 게 슬기롭다.

2. '그러나, 하지만, 그런데' 같은 상반 접속사 지양하기

의사소통 시 중요 포인트는, '그러나'라는 말을 자제하는 것이다. '그런데, 하지만, 그러나' 같은 상반되는 의미의 접속부사는 거부감을 일으킨다. 하루 이틀에 될 게 아니므로 말할 때 의식적으로 쓰지 않도록 습관화하자.

3. 진정성을 보여주는 '경청의 태도'

상대의 이야기를 들으며 고개를 끄덕이거나 눈을 보며 경청하는 모습을 보인다면 상대방은 마음의 문을 활짝 열게 된다. 경청의 태도는 매우 중요하다. 특히 힘든 이야기를 털어놓을 때 손을 잡아주거나 어깨를 토닥이고, 혹은 이성이라면 집중해서 듣고 있다는 식으로 경청하는 태도를 보여라. 초점 없는 눈으로 성의

없이 "힘들었겠네."라고 흘리는 말보다는 백배의 효과가 있다.

다시 앞의 상황으로 돌아가 보자. 김부장처럼 자식뻘이라며 반말하는 상사에게 대처하자면, "그렇군요. 부장님 자녀분이 저랑 나이가 비슷하군요. 그래서 제가 편안하게 느껴지실 수 있겠어요. (상대 존중) 감사한데요, 저는 회사에선 부장님이 그냥 예전처럼 말씀해주시면 좋겠습니다.(자기 존중)"라고 미소로 정중히 요청한다면 보통은 쉽게 말을 놓지 못하게 된다.

나는 나대로, 상대는 상대방대로 '나다움'을 잃지 않는 동시에 개인의 상대성, '다름'을 인정하고 존중해주어야 건강한 관계가 성립된다. 모두가 날 존중해주기란 어렵겠지만 분명한 건 나부터 상대를 존중하면 결국 상대도 태도를 바꾼다는 것이다. 이로써 이어갈 관계인지 스치는 인연인지도 분별할 수 있다.

당신은 어떤 사람이 되고 싶은가? 모든 건 당신 태도에 달려 있다.

"

'상호존중감'은 서로를 존중하는 태도 속에서 싹 튼다.

지혜로운 사람은 나와 타인을 존중하는 언어로

갈등을 해소하고 관계를 지키는 품격을 지녔다.

모든 건 당신에게 달려 있다.

"

관계 갈등 해소를 위한 처방전

마음을 읽어주는 공감 대화법

* 관계를 이어주고 살리는 건 '공감'이다. 공감하는 대화를 연습한다.

* 공감은 말로만 하는 것이 아니라 몸짓이 동반되어야 상대방에게 진정성이 전해진다.

* 공감과 함께 꼭 지녀야 할 태도는 '경청'이다. 마음을 다해 상대방의 이야기를 듣는 습관을 들여보자. 중간중간 상대의 말을 듣고 있다는 걸 알 수 있는 추임새를 넣어주는 것도 중요하다.

* 상호존중감을 담은 언어를 사용한다. 적대적인 느낌이 드는 언어는 지양한다.

* '그러나, 그런데, 하지만' 같은 상반되는 느낌의 언어로 거부감을 유발하지 않는다.

* 집에서 가족과 대화를 할 때부터 공감 대화법으로 이야기를 나누어 연습하고 몸에 익히도록 한다.

* 말은 잘 쓰면 건강한 인간관계를 만드는 약이 되고, 잘못 쓰면 사람을 죽이는 무기가 될 수 있다. 말하기 전에 언어 선택을 위해 고려하는 시간을 5~10초 정도 가져본다.

자기야, 준희맘 말이야.

네, 왜요?

아니, 애가 초등학교 고학년인데 왜 학원을 안 보내니?

아무리 공부에 쿨하다고 해도 아이 학업에 너무 무심한 거 같지 않아?

이것도 방임 아닌가?

그리고 정영이 엄마 건강식품 판매하잖아.

몸에 좋은 거라고 제품 소개해준다면서 수시로 전화가 온다.

좀 질린다니까.

안녕하세요.

어, 어....
어서 와.

아무튼 대단해!
애 학원 안 보내는 거
쉽지 않을 텐데

준희 엄마는
정말 강단 있어.

엄지척

준희는 집에
혼자 있고?

다 컸는데요.
집에서 할 거
하면서 있죠.

지금껏 내 앞에서
뒷말하고
오자마자
칭찬?

컥!

호호

이 사람
뭐야?

감정의 찌꺼기로
주변을 오염시키는 뒷담화

같은 곳에 있다는 이유로 본의 아니게 타인에 대한 사견이나 비난을 듣다 보면 어쩐지 기분이 개운치 않다. 동조를 하지 않았지만 그렇다고 그들의 대화를 제지하지도 않았기에 왠지 공범이 된 기분이다. 게다가 '나중에 내가 없으면 내 얘기도 나올 수 있겠구나.' 싶어 씁쓸함까지 더해진다. 이처럼 처음엔 반갑게 만났으나 시간이 지날수록 기운 빠지는 사람들이 있다. 이들과의 만남은 어떻게 이어가야 할까?

뒷담화와 개인적 의견은 엄연히 다르다는 사람들
혜진은 최근 결혼했다. 그녀는 신혼여행도 주말에 짧게 다녀와 출근할 정도로 자신의 소임을 다하는 성실한 직장여성이다. 하루는 휴게실에서 커피를 내리던 후배 직원 둘이 수군대는 소리가 혜진의 귓가를 울렸다.

"근데 혜진 대리, 완전 독하지 않냐? 일생의 한 번뿐인 신혼여행을 1박 2일이라니, 그것도 토요일에 결혼했으니까 주말 낀 거잖아. 요새 누가 저래? 아주 열혈 사원 나셨어."

"그럼 뭐하냐? 출산하면 어차피 출산 휴가 낼 거고, 애 키우다가 결국 그만두게 될 텐데, 내 주변 보면 다 그러더라."

결혼식에서 한없이 축하 멘트를 날리던 후배 두 명이 남몰래 자신의 인생의 판을 짜고 치는 소리를 듣고 있자니 불쾌했다. 이후에도 지속된 직장 내 뒷담화로 우울증까지 온 그녀는 상담실 문을 두드렸다.

"또 한번은 과장님이 다른 분께 제 이야기를 하시는 걸 지나가다 들은 적이 있었어요. 그래서 용기 내서 왜 내 얘길 하시냐고 물었더니 너무 당당하게 '그냥 혜진 대리 업무에 대한 내 개인적인 피드백을 말한 거야. 내가 무슨 욕이라도 했어?'라

며 오히려 큰소리를 치시더라고요. 사석에서 하는 다른 사람

의 업무 평가는 엄연히 뒷담화 아닌가요?"

　업무 평가는 남이 아닌 평가 대상자나 혹은 보고해야 할 상사에게만 말해야 할 사항이다. 이를 단순히 피드백이라고 둘러대는 건 변명치고는 다소 졸렬하다. 이처럼 피드백을 가장한 직장 내 뒷담화 내지 은따(은근히 따돌림) 문제는 법적 소송으로 이어질 정도로 심각하다. 실제로 뒷담화를 녹음하거나 단톡방 내에서 실수로 벌어진 대화 내역을 캡처해 증거로 삼은 소송이 늘고 있다. 2019년 7월 16일부터 '직장 내 괴롭힘 금지법'이 입법 및 시행되고 있지만, 직장 내 뒷담화는 업무 평가로 교묘히 둔갑해 죄를 입증하기 까다롭다. 고용노동부 통계자료에 의하면 2021년 직장 내 괴롭힘 신고사례 총 1만 7,342건 중 뒷담화는 2,000건으로 폭언과 부당인사 조치 다음으로 높다. 그만큼 많은 현대인은 뒷담화로 정신적 고통을 받고 있다.

카타르시스를 안겨주지만 유해한 행동 습관

　뒷담화가 생활 습관으로 자리 잡아 자신이 한 말이 남에 대한 험담인지, 그저 남을 과도하게 걱정하는 오지랖인지 분별하지 못하는 사람이 있는가 하면, 속된 말로 지능적으로 '돌려 까는'

사람도 있다. 어떤 경우든 보기 좋은 모습은 아니다.

그런데 이런 뒷담화는 왜 하는 것일까?

인간은 사회생활 속에서 유대감을 쌓는다. 일터나 모임에서 자신의 은밀하고 솔직한 감정을 털어놓거나 원하는 정보를 공유하면 그 결속력은 더욱 견고해진다. 하지만 결속력이 때로는 화근이 되기도 한다. 유대감이 너무 끈끈한 나머지 자신의 의견에 상대방이 동조하기를 은근히 바라는 분위기가 생성될 수 있기 때문이다.

물론 모임에서 동료에게 '부장님이 이렇게 결정하신 건 너무 주관적이지 않아?'라고 억울함을 호소하며 위로받을 순 있다. 하지만 자리에 없는 사람에 대해 사실보다 감정을 앞세워 말하고, 심지어 강제적으로 자신의 의견에 동의하라는 식의 대화는 결속력을 위한 모임의 본질을 퇴색시킨다.

상습적 뒷담화는 몸에 밴 유해한 행동 습관이다. 평소 뒷담화를 일삼는 사람은 타인을 두고 마치 판사라도 된 듯 상대방을 판단하거나 비방하며 묘한 카타르시스를 경험한다. 물론 잠깐이나마 이로 인해 스트레스가 해소되기도 한다. 또한 뒷담화는 자신을 방어하기 위한 하나의 본능이다. 문제는 이 본능을 조절하지 못하는 데 있다. 넘어선 안 되는 선을 넘은 사람들은 도마 위에

한 사람을 올린 후 마음껏 난도질한 뒤 더 이상 물어뜯을 곳이 없다면 다른 대상을 물색한다. 아무리 뒷담화로 스트레스가 풀리거나 그것이 인간의 자기방어 본능이라 할지라도 조절하지 못하는 반복된 뒷담화는 한낱 무용한 '말 습관'에 불과하다.

복수, 시기, 질투로 상대의 뒤통수를 치는 뒷담화와 고자질

뒷담화의 심리적 동기는 주로 사적인 감정에서 시작된다. 상대에 대한 질투, 미움, 복수심, 부러움 등 여러 부정적 감정이 그 동기이다. 어떤 이가 나에게 한 행동에 대해 분노하여 앙갚음하고 싶지만 대놓고 말할 용기가 나지 않거나, 상대와 대등한 관계가 아닐 경우, 혹은 옹졸해지고 싶지 않아 넘어갔으나 남은 감정이 풀리지 않을 때, 상대의 뒤에서 그를 욕하며 소심한 복수 아닌 복수를 감행한다.

집단 사회에서 부러움의 대상, 소위 그 분야에서 잘나가는 일 잘러는 언제나 삼삼오오 모인 자리에서 인기 있는 안줏거리이다. 동료들은 그들의 업적을 있는 그대로 받아들이지 못하고 단지 '운이 좋아서', '실제 업무보다 처세술이 좋아서' 인정받는다는 식으로 헐뜯기 시작한다. 이는 상대를 깔아뭉개고 넉다운 시켜야 비로소 평화를 찾는 모난 사람의 행태이다.

이게 끝이 아니다. 험담에 동조한 무리 중에서 자책감을 느낀 누군가는 욕한 상대를 찾아가 칭찬하며 방어기제를 보이기도 하고, 심지어 뒷담화를 다 듣고 고자질하는 회색분자도 출몰한다.

뒷담화와 고자질 둘 다 자신의 부정적 감정으로 악랄하게 상대방의 후면을 공격하는, 비겁하고 성숙하지 못한 인간의 온상이다. 과연 미성숙한 인성을 지닌 사람과 두터운 관계를 유지하고픈 사람이 있을까? 뒷담화는 감정의 찌꺼기를 입으로 배설하는 행위이다. 그 행위는 세 사람을 죽인다. **뒷담화하는 자신, 당하는 대상, 그리고 그걸 듣고 있는 사람이다. 또한 뒤에서 남을 험담하는 이는 결국 고독한 존재로 전락하고, 그가 함부로 뱉은 모든 말은 부메랑처럼 자신에게 돌아오게 되어 있다. 상대방 앞에서 당당하게 할 수 없는 말은 뒤에서도 하지 않는 것이 서로를 위해 옳다.**

"

상대를 험담해서 당신이 얻을 수 있는 건 단 하나,
낙인이다.

"

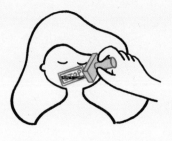

뒷담화가 습관이 된 당신을 위한 처방전
감정의 찌꺼기를 순화시켜라

* 말버릇도 습관이다. 타인에 대한 안 좋은 말은 입에 담지 않도록 노력한다.

* 가급적 상대와 직접 문제를 푼다. 그럴 수 없다면 스스로 감정을 해소하는 방법을 찾는 것이 현명하다.

* 억울한 심정이나 인간관계에서 생긴 부정적 감정은 일기를 쓰며 해소한다.

* 운동이나 명상을 하거나, 종교로 승화시키는 것도 해결 방법이다.

* 타인을 향한 말이 의도와 다르게 와전될 수 있다는 사실을 잊지 말자.

* 근묵자흑近墨者黑. 인간은 나약한 존재이기에 나쁜 사람을 가까이하면 그 버릇에 물들기 쉽다. 처음부터 남의 험담을 즐기는 사람을 가까이 두지 않는다.

* 같은 자리에 있는 누군가가 험담을 한다면, 넌지시 화제를 돌리거나 질문을 던져 주의를 환기한다. 이런 행동을 '넛지nudge'라고 하는데, 이로써 듣기 불편하다는 나의 의사를 상대에게 전하게 된다.

・넛지(nudge) : 원래 '팔꿈치로 슬쩍 찌르다', '주의를 환기시키다'라는 뜻이나, 도서 『넛지』에서 '넛지'를 '사람들의 선택을 유도하는 부드러운 개입'으로 새롭게 정의하였다.

사건 사고로 늘 피로한 단톡방

어떻게 13개 밖에 없어?

안 하는 활동은 다 정리하고 나왔지. 놔두면 빨간 톡 숫자만 신경쓰이고.

난 지인이 운영하는 방도 있으니까 인간관계 때문에 나오는 게 힘들어.

난 단톡방에 쏠쏠한 정보도 올라오고 하니까 그냥 있게 되더라.

머물다 보면 기회가 생길 때도 있고.

근데 나오고 싶을 때 눈에 띄는 게 신경쓰여.

헐~ 그렇게까지 하면서 단톡방에 치여 살아야 하는 거야?

그러게. 어쩌다 단톡방이 우리 일상이 된 걸까?

맞아. '000님이 나가셨습니다' 뜨면 시선집중 되긴 하지.

아, 그래서 요즘 메신저에 '채팅방 조용히 나가기' 기능이 새로 생겼더만!

억지스런 소통으로 일상을 소비하는
SNS 단체톡

지금부터 핸드폰을 손에 쥐고 따라 해 보자. 먼저 카카오톡을 실행한다. 그리고 단톡방과 오픈 단톡방이 몇 개인지 세어본다. 10개 미만인가? 요새 제아무리 극'I'형이라 할지라도 대한민국 국민 중 10개 미만의 단톡방을 가진 사람은 상대적으로 드물다. 현재 당신의 사적인 단톡방 및 오픈 단톡방은 총 몇 개인가? 우리는 언제부터 SNS로 사회생활을 영위하기 시작했을까?

단톡방으로 안부를 묻고, 업무까지 하는 현실

'김미정@OOOOO님이 나갔습니다.'

한창 대화를 나누던 미정 씨가 단톡방을 나가버리자, 그녀와 실랑이를 벌이던 주현의 마음이 편치 않다. 정모 장소를 결정하는 과정에서 날카로운 대화가 오갔기 때문이다. 상대의 목소리와 표정을 알 수 없으니 문자만으로 상대방의 반응을 자의로 해석하게 되는 것이 단톡방의 커다란 구멍이다.

"아무리 그래도 방까지 나가야 했을까? 나는 지방에 사는 분도 많으니까 그냥 가장 중간 지점을 제안한 건데, 이렇게 나가버리면 사람이 무안하잖아."

가만히 있자니 신경이 쓰였으나 전화해 보라는 친구의 권유에 그녀는 난색을 지으며 망설였다. 그간 쭉 단톡방에서만 소통하던 사람과 막상 음성 통화를 하자니, 그녀에게는 거대한 도전으로 와 닿았다.

"처음 통화하는 건데 이미 삐쳐있는 사람에게 뭐라고 말해야 해? 이 정도로 기분이 상했을 줄 몰랐네. 나 참. 어떡하지?"

SNS 이용자 대부분이 사용하는 단톡방은 어느새 의사소통 수단 1순위로 당당히 자리매김해 있다. 심지어 가족, 친척과도 단톡방으로 소식을 나누는 실정이다. 이제 단톡방은 단순한 소식통을 넘어 취미, 관심사가 비슷한 사람들이 모여 정보를 주고받거나 친분을 다지는 소통의 창구가 되었다.

사람과 사람이 모인 자리에서는 늘 그렇듯 뜻하지 않은 갈등이 생기기 마련이다. 이 갈등은 실제 대화를 나누는 자리보다 SNS에서 증폭한다. 온라인상이라 상대의 감정을 읽을 수 없다보니 오해의 소지가 큰 것이다. 이처럼 SNS 단톡방에서의 대화는 아주 사소한 오해부터 법적 분쟁까지 번져 편의성이 큰 만큼 부작용도 상당하다. 하지만 오해를 풀기 위해 만나서 이야기하자니 왠지 부담스럽고 겸연쩍기 그지없다.

그렇다면 현대인은 왜 문자로 소통하는 것을 선호할까? 단톡방으로 업무를 해결하는 여러 근로자는 프로젝트나 업무 관련한 모든 자료와 정보가 단톡방에 남아서 단순히 구두로 회의할 때보다 업무처리를 할 때 큰 도움이 된다고 말한다. 또 누군가 살피지 못한 자료를 쉽게 전달할 수 있고, 다수가 동시에 자료를 공유하니 업무가 훨씬 효율적이고 간명하게 이루어진다는 것이 이들의 주장이다.

특히 시간 관리에 철저한 사람들은 SNS를 훨씬 선호한다. 통화를 하면 안부부터 시작해서 이런저런 샛길로 빠지기도 하는

데, SNS로 소통하면 대화의 목적에 부합하는 내용만 신속히 오가서 시간 절약이 되기 때문이다. 또 바쁜 생활에 쫓기는 사람은 시공간의 제약을 받지 않고 자신이 전달하고픈 내용을 밤늦은 시간에도 남겨놓을 수 있어 좋다고 한다. 공통으로 전해야 하는 전달사항을 한 번에 알릴 수 있는 편리함 때문이라도 단체 대화방을 애용하게 된다. 게다가 내향형인 사람은 상대방의 얼굴을 마주하면 차마 하지 못할 이야기를 할 수 있어서 문자 대화가 더 편하다고 말한다.

SNS를 사용하면 이와 같은 다양한 장점이 있다. 하지만 모든 일에 양면성이 존재하듯 이점만 있는 것은 아니다.

전화 공포증, 콜포비아Call phobia를 유발한 텍스트 소통

채팅과 메시지에 익숙한 MZ 세대가 콜포비아Call phobia로 고통받고 있으며 이는 점차 확산 중이다. 영어로 전화를 뜻하는 'call'과 공포증을 뜻하는 'phobia'의 합성어인 콜포비아는 전화 통화를 기피하고 두려워하는 현상을 일컫는다.

한 취업 포털사이트 조사에서 성인남녀의 절반 이상이 콜포비아를 겪고 있다는 결과가 나왔다. SNS 미디어 환경에서 성장한 이들은 콜포비아로 사회생활마저 원만히 하기 어렵다. 심지어 이를 극복하기 위해 스피치 학원에 등록하는 사람도 적지 않다고 한다.

이 외에도 문자로 소통하는 사람 중 쏟아지는 메시지로 인해 피로를 호소하는 이들이 많다. 어느 때고 소통할 수 있다는 장점이 오히려 치명적인 단점이 되는 순간이다. 단톡방에 일단 발을 들여놓은 뒤 잠시 화장실이라도 다녀올라치면 이미 읽지 못한 메시지 개수는 수십 개를 훌쩍 넘긴다. 한참을 스크롤해 어떤 대화들이 오고 갔나 살펴보는 동안 또 수십 개의 메시지가 쌓인다. 메시지 포화 상태가 되는 것이다. 마치 듣는 사람 하나 없는 커다란 회의 탁자에서 서로가 앞다퉈 자신만의 이야기를 떠들며 앉아 있는 형국이다. 이 얼마나 끔찍하게 피곤한 환경인가? 더욱 심각한 것은 이런 단톡방이 한두 개로 끝나지 않는다는 사실이다. 각종 단톡방 옆에 떠 있는 시뻘건 색의 읽지 않은 메시지 개수는 심리적으로 우리의 숨통을 조여온다.

인간관계의 오해를 가중시키는 온라인 소통 수단

개인적으로 소유한 단톡방이 평균 십여 개인 시점에서, 우리의 인간관계는 단톡방 개수만큼 실제로 넓고 깊을까? **인간관계에서 진정 필요한 건 넓이가 아닌 깊이다. 상대가 어떤 때 미소 짓는지, 요즘 생활이 바쁜지 여유로운지, 몸은 안녕하고 마음은 편안한지, 혹시 어떤 고민이 있진 않은지, 그 사람을 알아가는**

앎의 깊이이다. 문어발 걸치듯 많은 이를 표면적으로 넓고 얕게 아는 것보단 나와 마음 맞는 몇몇을 깊이 알아가는 것이 삶에 더 유익하다.

 아니야, 나 괜찮아.

활자로 찍힌 이 한 문장으로 상대가 정말 괜찮다는 건지, 괜찮다고는 했지만 실은 말하지 못할 고민이 있는 건지 알 수 없을 때가 있다. 이럴 때, 관계에서 틈이 생기느냐 마느냐가 결정된다.

인간관계를 잘 맺고 싶다면 편리하고 효율적인 단톡방을 이용해야 할 때와 상대에게 전화하거나 만나야 할 타이밍을 분별할 줄 아는 지혜가 필요하다.

당신이 상당히 오랜 기간 상대와 문자를 주고받았다 할지라도 한두 번의 진솔한 통화나 대면보다 상대를 더 잘 이해하기는 어렵다. 목소리에서 전해지는 미세한 떨림이나 몇 초간의 정적, 만나서 느껴지는 상대방의 고유한 분위기, 공감할 때 절로 터지는 탄성, 서로의 시선을 맞추며 나누는 진심 어린 대화가 관계를 더욱 각별하게 다져주기 때문이다.

단톡방이 우리의 일상이 되어버린 것이 바쁜 삶 속에서 사람을 만나 할애하는 시간과 에너지를 절약하기 위함이었는지, 혹은 귀차니즘 때문이었는지 나 자신에게 솔직하게 묻고 답해 보아야 할 것이다. 인간의 편의를 위해 마련된 도구의 사용법과 참된 인간관계를 맺는 법을 혼동하지 않았으면 한다.

관계의 깊이를 위한 단톡방 이용법

SNS에 모든 소통을 의지하지 마라

* 내가 들어가 있는 단톡방에 대한 목적을 상기해 보고, 그 목적이 유효하지 않다면 과감히 정리한다. 단언컨대 그와 동시에 당신의 스트레스도 한층 줄어들 것이다.

* 중요한 내용, 민감한 사안, 혹은 대화 중 분위기가 싸늘해지거나 논쟁이 되려는 시점에서는 반드시 전화로 소통한다.

* 문자보다는 통화, 통화보다는 대면으로 소통하는 것이 관계의 갈등을 조기에 방지하는 슬기로운 방법이다.

* 불가피하게 문자로 소통해야 하는 상황이라면 상대에게 정중하게 양해를 구하는 것이 우선이다.

* 장문의 문자라면 보내기 전 글로 적어 소리 내어 읽어본다.

* 문자나 SNS 앱은 시대에 맞춰 인간의 편의를 위해 개발된 도구에 불과하다. 그것에 의지하여 모든 소통을 하지 않도록 주의한다.

* 누군가와 통화하는 것이 낯설고 어렵다면 가족이나 친구와 통화하는 빈도수를 늘려가며 통화에 익숙해지도록 연습한다.

• **참고 자료:** 구인 구직 포털 사이트 잡코리아

카페인 우울증 앓아본 적이 있나요?

지나친 인정욕구가 부른
상대적 박탈감

'**카페인 우울증**'이라는 용어를 들어보았는가? 이 용어에 나오
는 '카페인'은 우리가 보통 알고 있는 커피 안에 들어있는 성분
을 말하는 게 아니다.

카페인 우울증 : 카-카카오톡

페-페이스북

인-인스타그램

: SNS을 통해 남의 삶을 엿보며 느끼는 상대적 박탈감으로 생기는

우울증

당신도 SNS를 보며 아주 사소한 일까지 남과 비교하며 한숨을 쉰 적이 있는가? 그렇다면 '카페인 우울증'일 가능성이 크다.

나만 빼고 남들은 다 행복해 보여요

소영은 여느 때처럼 주말 아침 하릴없이 SNS를 들여다 봤다. 수시로 친구들의 SNS를 보고 소통하는 게 일상으로 자리 잡은 지 오래다. 게시물을 구경하다가 고등학교 동창의 사진을 보게 되었다. 멋스러운 레스토랑 테이블 뒤편에 살포시 올려놓은, 남편이 사줬다는 명품 핸드백을 배경으로 찍은 사진이 눈에 들어왔다.

"지지배 뭐야. 자랑질이네. 생일이었구나."

소영은 '좋아요'를 꾹 누르고 난 후, '너무 이쁘다, 행복한 생일이었길 바래. 늦었지만 생일 축하해!♥'라고 축하 댓글을 남겼으나, 표정은 일그러져 있었다. 소영은 내게 전화를 해서 넋두리를 늘어놓았다.

"야, 누구는 결혼해서 신랑이 생일 선물로 비싼 명품 백도 사주고. 세상 그렇게 행복해 보일 수가 없다. SNS에 올라온 사진 보면 나 빼고 다 행복해 보여. 아, 겁나 우울해."

바람 빠진 타이어마냥 기운이 쭉 빠져 있는 걸 보니 휴대폰 너머 들려오는 목소리만 들어도 잔뜩 풀 죽은 소영의 얼굴이 그려졌다.

"소영아, 보이는 게 전부가 아니야. 다들 희로애락이 있잖아.
누가 SNS에 우울하고 힘든 상황을 올리겠니? 모두 좋은 모습만 보이려고 하지. 요즘은 슬픔까지 포장하는 시대잖아. 사람사는 거 다 거기서 거기다."

SNS가 생활 속 중요한 부분으로 자리 잡은 사회에서 온라인으로 접하는 타인의 모습과 내 삶을 비교하며 상대적 박탈감을 느끼는 사람이 점점 늘고 있다. 그리고 부러움, 시기, 질투로 시작된 감정은 자신의 처지를 비관하기까지에 이른다.

상대적 박탈감을 부르는 건 낮은 자존감과 인정욕구

타인의 삶과 나를 비교하는 행위는 비교가 익숙한 한국 사회에서 수시로 행해진다. **비교로 인한 상대적 박탈감은 '낮은 자존감'과 내가 누구인지 모르는 '정립되지 않는 자기 정체성', 그리**

고 타인에게 인정받고 싶은 '인정욕구'에서 기인한다.

대한민국 국민만큼 열심히 사는 사람이 있을까? 우리 모두 충분히 부지런한 삶을 살고 있고, 심지어 재테크, 취미, 자기계발에까지 힘쓰고 있다. 하지만 우리는 정작 알아야 할 중요한 지식 하나를 놓치고 있다. 바로 '내가 누구인지', '내가 하고자 하는 것이 무엇이며, 내가 좋아하는 것이 무엇인지' 등 자기 자신에 대해 아는 것이다. 나 자신의 메타인지를 키워야 자신의 정체성이 확고해진다. 그리고 이 정체성은 자존감을 굳건히 세워주는 토대가 된다. 자존감과 자기 정체성이 확립되면 스스로 자신을 인정할 수 있게 되는 것이다. 이 세 가지는 마치 삼각형에 있는 세 개의 꼭짓점처럼 유기적으로 연결되어 있다.

역으로 보자면, **자존감이 낮은 이유는 자신이 누구인지, 자기 가치와 존재 이유를 모르기 때문이다. 또한 자기 정체성에 대한 메타인지가 낮으면 외부에서 인정욕구를 채우려 한다.** 자기 인정이 안 되니 남의 댓글을 보며 나도 이렇게 타인에게 인정받고 싶다는 욕구와 시기심이 치밀어 오르게 되는 것이다. 이것이 지속되고 심해지면 급기야 우울증을 앓게 된다.

소영은 동창 친구의 SNS를 보며 무의식중에 친구와 자신을 비교했다. 자신에게는 없는 다정한 남편과 그에게 받은 명품 백을 과시하는 그녀로부터 상대적 박탈감을 느꼈다. 결혼해서 행복하게 사는 친구의 모습이 그녀의 뇌에 각인되어 소영의 취약점인 '외로움'을 톡 건드린 것이다.

그런데 이 상황을 뒤집어서 보자. 소영은 싱글이기에 유부녀인 친구보다 신경 써야 할 일이 적을 것이다. 소영도 자신의 짝을 언젠가는 만날 테고, 명품 백은 소영의 행복을 좌우할 정도로 큰 비중을 차지하진 않는다. 소영은 그녀의 친구에게 없는 중요한 걸 가지고 있다. 바로 '자신에게 집중할 수 있는 자유'이다. 그녀는 친구와 자신을 비교하는 데 급급해 순간 자신이 가지고 있는 귀한 자산을 망각해버렸다.

왜 우리는 늘 남과 나를 비교하고 내게 없는 것만 크게 보는 걸까?

비교가 안겨주는 것은 부정적인 감정뿐이다

가정과 학교, 회사에서 남과 비교당하는 일이 빈번하니 어느덧 우리에게 '비교'는 친숙해졌다. 비교가 당신에게 안겨주는 건 두 가지다. **첫째는 무의미한 자기만족이고, 둘째는 내 삶의 중심이 자기 자신에서 타인으로 옮겨가는 것이다. 이 두 가지는 당신에게 상대적 박탈감을 안겨준다. 한 마디로 내 삶에 내가 실재하지 않는 것이다.** 그러니 상대방과 끊임없이 비교하고 내게 부족한 것만 눈에 들어올 수밖에. 그렇다고 온라인 소통을 아예 끊으라는 이야기는 아니다. 최악의 경우, 우울증으로 SNS를 아예 차단하고 사는 사람들이 있다. 이것은 내 삶을 되찾는 자세가 아닌 '회피'라는 극단적인 선택이다. 세상이 급변하는데 평생 외부와 담을 쌓고 살 수는 없는 노릇 아닌가.

그렇다면 어떻게 대처하는 게 현명한 방법일까?

SNS로 인한 상대적 박탈감에서 벗어날 수 있는 핵심 비법

심리학에선 문제를 해결하기 위한 첫 단계이자 가장 수월한 방법으로 **'환경을 바꿔보는 것'**을 제안한다. 문제를 피하기보다는 자신에게 변화를 주며 맞닥뜨리는 것이다. 이때 필요한 것이 **긍정적인 트리거**trigger이다. 여기서 말하는 **'트리거**trigger**'**란, '방아쇠'라는 일차적 의미가 아닌, **'심리적 자극'**을 말한다. 주변 환경을 변화시켜서 자신에게 긍정적인 자극을 주는 것이다.

이를테면, 밤에 스마트폰을 오래 보는 것은 수면장애, 우울증을 불러오니 되도록 자제하거나, 사용 시간을 줄여본다. 또한, 온전히 나 자신에 몰입한다. 이를 위한 구체적인 방법은 자신에게 질문을 하는 것이다. 처음부터 질문을 하라고 하면 막연하기만 하니, 서점에서 백문 백답 책이나 다이어리를 구매해서 써나가는 걸 권한다. 아침이나 잠자기 전에 명상하며 내면을 들여다

보는 시간을 갖는 것 또한 타월한 방법이다.

　앞으로는 나의, 나에 의한, 나를 위한 삶의 기준을 세워야 한다. 이것이 탄탄한 자존감과 자기 인정을 안겨줄 것이다. 만족이나 인정을 외부가 아닌 내 안에서 찾으면 회복 탄력성은 자연스레 높아진다. 자존감이 높아지면 자연히 타인의 SNS를 보더라도 상대적 박탈감을 쉽게 느끼지 않는다. 자신에게 변화를 주지 않는다면 평생 주변에 의해 흔들리는 갈대와 같은 삶은 지속될 것이다.

타인과의 비교로 인한 우울증 처방법
남보다 나를 먼저 알아가기

* 나에 대한 '백문 백답'을 작성해 나라는 사람에 대해 알아본다.

  자기 자신에 대해 정확히 아는 '셀프-메타인지'는 매사에 도움이 되며, 자존감 성립을 위한 뼈대이다.

* 남과 나를 비교하는 건 악습관이다. 악습관을 몸에서 떼어버리기 위해 의식적으로 비교하는 사고를 지운다.

* 남과 비교하기 전에 내가 가지고 있는 행복과 장점을 떠올린다. 생각보다 내가 지닌 장점이 많다.

* 일주일 중 SNS를 하는 요일이나 시간을 정해, 너무 장시간 SNS를 하지 않는다.

* 밤에는 SNS를 되도록 하지 않는다. 자기 전 스마트폰 사용은 수면장애와 우울증을 유발하는 원인이 된다.

* 자기 인정을 위한 자기 위로를 매일 연습한다. 나를 향해 웃고 나에게 관대한 언어를 말한다.

  " 오늘은 고생한 날 위해 맛있는 걸 먹자."

  "힘들면 좀 쉬어도 돼."

* 자신이 좋아하거나 잘하는 취미를 즐기며 삶 속에서 자기 긍정감을 높인다.

Episode 5 '싫다'고 말하는 게 싫은 사람들

오로지 '레고!',
내 사전에 'NO'는 없다

　　일에 치여 친구를 못 만난 지 오래된 어느 금요일 밤, 생일인 친구에게서 문자가 왔다.

　　'너 설마 오늘 모임도 안 오는 건 아니지? 빼는 것도 한두 번이지, 그 회사에 직원이 너 하나밖에 없니? 얼굴 보고 싶으니까 꼭 나와. 기다릴 거야.'

　　월 마감이 다가온다. 오늘 모임에 나가면 업무는 두 배로 쌓인다. 몸은 피로에 찌들어 천근만근. 후딱 마치고 그냥 집에 가서 발 뻗고 자고 싶지만, 생일 주인공인 친구의 문자에 마음 한편이 묵직하다. 내 몸이 피곤한 게 낫지, '싫어'라고 말하는 순간, 밤잠을 설치게 되는 걸 알기에 마지못해 오늘도 '그래, 되도록 갈게'라고 적고, '보내기' 버튼를 누른다.

'NO'라고 말하는 게 죽기보다 싫은 당신, 왜 당신은 그리 피곤하게 사는가?

불편함도 감수할 정도의 과도한 친절은 독이 된다

현희와 수연의 공통점은 '친절함'이다. 누군가 부탁하면 웬만해서는 들어주는 친절한 그녀들. 하루는 편한 자리에서 현희와 수연이 만나 수다를 떨다가 은연중에 자신의 고민을 서로에게 털어놓게 되었다.

> "나 요즘 삶이 너무 피곤해. 난 왜 이러지? 누가 부탁하면 도
> 저히 거절을 못 하겠어. 그래도 예전보다 나아졌지만, 아직도
> 이런 미적지근한 내 태도에 화가 나. 특히 일 관련 제안이라든
> 가, 모임은 거절하기가 어려워."

현희의 말을 듣던 수연이는 두 눈이 휘둥그레졌다. 그녀 눈에 현희는 늘 재능 넘치고 멋진 커리어 우먼인데다가 모든 모임이나 업무를 즐기는 것으로 비쳤기 때문이다. 현희에게 자신과 똑같은 고민이 있을 줄은 꿈에도 몰랐다.

"나도 그래! 근데 난 너랑 좀 다른 게, 일이나 사회 모임은 오

히려 거절을 잘하는데 가족이나 친구들, 나한테 중요한 관계

에 놓인 사람이 부탁하면 내가 힘들어도 부탁을 들어주게 돼.

그러곤 진이 빠져서 결국 내 일정에 차질이 와. 나도 이런 내

가 너무 싫어."

현희와 수연은 관계에서 경계선이 애매한 자신의 모습에 혀를
끌끌 찼다. 그들은 끝이 없는 자발적 봉사로 반복된 어려움을 겪
고 있었다. 이러니 늘 인생이 피곤하고 타인의 부탁을 들어주다
가 생기는 애로사항은 쌓여만 갔다.

그들이 거절을 못 하는 진짜 이유

거절 못 하는 사람들은 나름의 특징이 있다. 기본적으로 착하
고 마음이 여리다. 이 여린 기질 때문에 인간관계의 경계선이 흐
릿하다. 이들은 어렸을 때부터 '거절하는 방법'을 배우지 못하
고, 어떤 때 과감히 거절해야 하는지 교육받지 못했다. 아마 지
금의 40~50대 성인들은 이런 환경에서 자랐을 것이다. "부모님
이나 어른이 말씀하시면 '네'라고 공손히 말해야 예의 있는 아이
다."라는 말을 한 번씩은 들었을 테니 말이다.

'거절 = 착하지 못한 것, 예의 없는 것'으로 각인된 채 자란 성

인은 거절이 익숙지 않고 불편하다. 이들이 거절 못 하는 이유는 크게 세 가지로 나뉜다.

첫째, 인간관계에 곤란이 생길까 걱정된다. 둘째, 자신의 거절로 상대가 상처받으면 어쩌나 염려된다. 셋째, 눈앞에 온 기회를 놓칠까 봐 두려워서이다. 세 가지 이유를 다시 잘 읽어보자. 여기에는 상통하는 부분이 있다. 그것은 바로 **'불안과 걱정'**이다.

현희는 지나친 일 욕심과 사회적 성취 욕구로 업무 제안에 거절을 못 하고 들어오는 족족 어떻게든 해나갔다. 그리고 운 좋게 바라던 성과가 나오자 업무의 양은 그만큼 늘어갔다. 늘 그렇듯 모든 일에는 동전의 양면이 있는 법. 그로 인해 그녀는 항상 과로와 스트레스에 시달려 위경련을 달고 살았고, 건강검진 결과도 좋지 않았다. 그녀는 건강을 잃으면 아무것도 의미가 없다는 걸 체감하게 되자, 사회적 성공과 인간관계를 위한 무리한 약속 등이 모두 부질없게 느껴졌다.

수연은 현희와는 다른 부작용이 있었다. 거리가 있는 관계의 거절은 적당히 했으나 가족, 친구, 친한 지인의 부탁을 들어주다가 정작 자기 일은 제때 못 마치기 일쑤였다. 분명 본인 일부터 마무리를 짓고 부탁을 들어줘야 하는데, 누군가 다가오면 마음이 약해지고 판단력조차 흐려졌다. 그러곤 덜컥 "그래, 해줄게."

라는 긍정의 대답이 불쑥 튀어나왔다.

거절을 못 하는 게 습관이 되어버린 수연은 주변 사람들에게 무슨 부탁이든 들어주는 '좋은 사람'으로 평판이 굳어졌고, 어쩌다 큰맘 먹고 거절하면 상대방으로부터 서운하다거나 실망이라는 소리까지 듣게 되었다.

생활의 질을 높이고 관계를 조율하는 적절한 거절

현희와 수연의 생각처럼 과연 거절을 하면 상대가 상처받고 나와 멀어지게 될까? 그리고 이번에 거절하면 다시는 기회가 찾아오지 않을까?

단언컨대 한 번의 거절로 상대와의 관계가 틀어질 일은 절대 없을 것이다. 하지만 거절에 앞서 반드시 생각해야 할 문제는 **'거절'이 아닌 '거절하는 방법과 태도'**이다. 거절에 앞서 상대방의 입장에 서서 바라보면 답이 나온다.

이 글 도입부에서 언급된 생일인 친구의 문자에 이렇게 거절한다면 어떤 답이 돌아올까?

"친구야, 생일 축하해! 나도 네 얼굴 보고 싶고 함께 축하하고 싶어. 근데 월 마감이 다가와서 제때 퇴근조차 못 하는 상황이야. 매번 이렇게 일이 생겨서 정말 미안해. 네가 가능하다면,

주말에 잠시 따로 보는 건 어떨까? 혹시나 오늘 못 가도 너무
서운해하지 말아 줘."

이 말을 듣는 친구가 화를 내거나 삐칠까? 그럴 일은 없을 것
이다. 설사 관계가 틀어지더라도 정중히 양해를 구하는 말에 기
분이 상하는 친구라면 굳이 미련을 둘 필요가 있을까 싶다.

말에는 우선순위가 있다. '아니요'의 답을 먼저 내뱉는 게 아
니라 내가 처한 상황과 상대의 부탁을 들어줄 수 없어 느끼는 안
타까움을 충분히 표현한 후 거절해야 한다. 즉, 상대에게 합당한
거절의 사유와 예의를 먼저 갖추고 난 후, 불가능하다는 걸 표현
해야 하는 것이다.

거절을 잘하는 사람에게는 몇 가지 특징이 있다.

**첫째, 상대를 배려하는 말센스가 있다. 둘째, 순간적 상황판단
력이 좋으며, 셋째, 일의 우선순위를 잘 안다. 이런 것들을 모두
고려해 관계의 깊이에 따라 유연하게 거절해야 한다.**

무리한 부탁을 들어주다 손해를 보면 불편한 감정을 안고 살
아가는 건 결국 자신의 몫이다. 이를 사전에 막아야 한다. 참으
로 고무적인 것은 현명한 거절은 연습하면 누구나 가능하다는
것이다.

또한 거절을 잘하는 사람은 자신의 에너지와 시간의 유한성,

그리고 능력치를 파악하여 판단한다. 거절할 때도 예의를 갖추기에 관계가 잘못될까 봐 두려워하지 않는다. 물론 상대에 따라서 성의를 보여도 섭섭하다며 잘못 받아들일 수도 있으나 그건 상대방이 짊어져야 할 감정이다.

거절하지 않는다고 언제나 좋은 사람이 되는 것도 아니요, 좋은 사람이라는 평판을 듣는다 해도 관계에 어려움은 항상 있다.

"

'거절'은 균형 잡힌 내 삶과 건강한 관계를 유지하기 위해
적절히 행사해야 하는 나의 권리이다.

"

나의 시간과 능력의 유한성을 점검해 보기

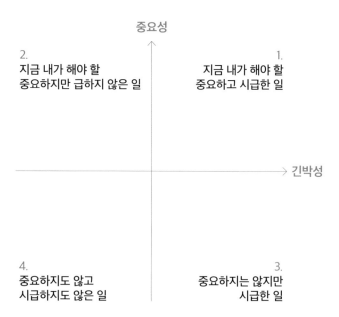

예의를 갖춘 거절은 어디서든 통한다

* 거절할 때 '아니요'라고 서둘러 답하기 전에 불가피한 내 상황과 솔직한 마음을 전달하여 예의를 충분히 표한다.

* 거절이 어려운 이유는 오랜 시간을 거쳐 무의식적 행동 패턴으로 자리잡혔기 때문이다. 부탁을 받으면 바로 답하지 말고 몇 시간 정도 곰곰이 내 유한성을 점검하는 시간을 갖는다. 실수와 후회를 줄이기 위함이다.

* 역지사지로, 나도 상대방에게 다소 무리한 부탁을 요청하고, 거절당하는 경험을 반복해 본다. 이때 기분이 상하는지 혹은 이해되는지 느낌을 되새겨보는 것이다. 이 연습으로 부탁받을 때마다 일었던 불안과 걱정을 줄일 수 있다.

* 일상에서 소소한 것부터 '거절'을 연습한다. 가족과 친구 간에 작은 부탁을 거절하는 것으로 시작해, 점차 강도를 높여 나가 '단호한 거절'도 연습해 본다.

* 누군가의 부탁에 'Yes or No' 두 가지의 대답만 존재하는 게 아니다. 상황과 관계에 따라 유연하게 다른 방안을 모색하여 제시한다.

* 서로 존중과 이해가 있는 관계라면 예의를 갖춘 거절에 거부감만 느끼진 않을 것이다. 거절을 계기로 인간관계를 점검해 볼 수도 있다.

Episode 6 시의적절한 침묵이 지닌 힘

나와 상대를 위한
현명한 의사소통법

오래된 속담 중에 '침묵이 금이다'라는 말이 있다. 케케묵은 말이라 고루하게 들리겠지만, 사실 이 말만큼 침묵이 지닌 가치를 제대로 보여주는 표현도 없다. 때로 침묵은 그 어떤 말보다 귀하게 느껴지기 때문이다. 침묵은 적절히 사용한다면 가뭄 속 단비처럼 힘이 되는 대화법이다. 특히 요즘처럼 수많은 정보로 머릿속이 어지러울 때 침묵이 그리워지곤 한다. 지금부터 소개하는 대화법은 침묵을 유효하게 사용하는 비결이다.

내 의견을 소신껏 말하기 어려워요
희재는 평소 자기 소신이 강하지 않다. 그저 좋은 게 좋다는 식이다. 그래서 뚜렷하게 자신의 의사를 밝히기보다는 대세에 몸을 싣고 살아가는 삶을 추구한다. 가령, 누군가 희재에게 의견을 물으면 그는 주변을 두리번거리며 "음, 글쎄요. 잘 모르겠네요."라고 얼버무리거나 "저는 아무거나 괜찮아요. 그냥 결정되는 대로 따를게요."라며 자기 의사를 뭉뚱그리곤 했다. 모두의 시선을 한 몸에 받은 채로 다부지게 의견을 말해야 하는 상황이 익숙지 않고, 왠지 모를 부담감에 숨 막혔기 때문이다. 이런 태도로 사회생활을 하다 보니 언제부터인가 주변에서 무언가를 결정해야 할 때 희재에게 딱히 의사를 묻지 않는다는 걸 눈치챘다.

> "처음에는 '좋은 게 좋은 거야'라고 생각했는데 언제부터 제 의사는 이미 타인에 의해 결정되어 있더라고요. 마치 '너도 그럴 거지?'라는 듯 말이죠. 제 생각을 말하는 게 눈치가 보이기도 했어요. 상대방이 이 말을 듣고 싫어하면 어쩌나 싶고, 회사에서 괜히 내 의견을 말했다가 상사한테 찍힐까 봐 지레 겁도 덜컥 났고요. 그랬더니 이젠 저의 존재가 아예 없네요."

삶을 견지하는 태도는 시간이 흘러 개인의 고유성으로 자리 잡힌다. 희재는 집단을 위한 자기희생이 자신의 존재마저 희미하게 만들어버렸다는 걸 뒤늦게 깨닫고 서글퍼졌다.

시의적절한 침묵 기법이 긴요하게 필요한 사람

우리 주변에 돌아보면 희재와 같은 사람이 많다. 자신의 의견을 똑바로 말하지 못하고, 늘 대세에 편승하다 보니 주변에 휩쓸리고 결국엔 존재 자체를 묵살당하게 된다. 이런 사람에게 침묵은 나를 지키며 상황의 흐름에 유유히 몸을 맡길 수 있는 유용한 대화법이 되어준다. 또한 적절한 침묵은 희재처럼 집단에서 자신의 존재가 깃털처럼 가벼워지지 않도록 방지해 준다. 아래에 열거하는 사람은 시의적절한 침묵 기법이 꼭 필요하다.

▶ 타인에 대한 존중으로 자기주장을 억누르고 상대의 말만 따르는 사람

▶ 내 주장을 펼치는 게 이기적으로 느껴지는 사람

▶ 양립되는 두 의견 사이에서 적절한 중립을 취하는 것이 힘겨운 사람

▶ 자신의 의사를 신속히 조리 있게 말하기 어려운 사람

▶ 상대방이 불쾌해할까 봐 솔직한 견해를 내놓기가 부담스러운 사람

▶ 평소 말수가 적어서 대화나 화법에 자신이 없는 사람

▶ 자기 의사 피력을 지나치게 즉각적으로 하는 사람

▶ 협상할 때 상대방에게 압도되어 실패하는 사람

▶ 화가 나면 막말이 튀어나와 뒤돌아서서 후회하는 사람

보통 자신의 개성을 드러내지 않고 집단에 있는 듯 없는 듯 조

용히 묻혀 가는 사람, 자신감이 부족한 사람, 평소 자기 의사를 밝혀본 경험이 적은 사람, 상대를 과도하게 배려하는 사람, 양보를 강요당하며 성장한 사람(보통 형제자매 중 둘째). 이들에게 있어 사회생활에서 자신의 의견이나 개성을 드러낸다는 건 여간 어색한 행동이 아닐 수 없다. 이와 반대로 성격이 급해서 자기 의사를 너무 빨리 피력하거나, 상대의 침묵에 초조해서 먼저 말을 꺼내버리는 사람이 있다. 이 유형은 상대방과 중요한 결정을 위해 대화하거나 협상해야 할 시, 기득권을 빼앗기거나 협상에 지기 쉽다. 평소 말이 많은 이는 침묵을 견디는 게 곤욕이다. 그렇다 보니 서둘러 패를 오픈하고 패배하기 일쑤다. 마지막으로 화가 나면 돌이킬 수 없는 말을 내뱉고는 후회하는 사람도 있다.

'시의적절한 침묵 기법'은 위와 같은 유형의 사람이 나를 지키며 관계를 매끄럽게 이어갈 수 있는, 또는 협상에서 승리를 불러올 수 있는 비결이다.

시의적절한 침묵 기법을 써야 하는 적시

시의적절한 침묵 기법은 언제 써야 할까? 무엇이든 적시適時가 있다. 아래에 언급한 상황을 살펴보면 그 적시가 보인다.

▶ 누군가 내게 질문을 했는데 재빨리 답해줄 수 없을 때

▶ 질문에 대해 확실한 판단이 서지 않을 때

▶ 여러 의견 사이에서 실언으로 원망을 사게 될까 봐 두려울 때

▶ 중요한 협상이나 회의에서 신중함이 요구될 때

▶ 내 의견에 따라 결론이 날 것 같아 부담스러울 때

▶ 분노 등 부정적 감정으로 이성적 판단이 어렵고 흥분될 때

시의적절한 침묵 기법은 생각할 수 있는 시간을 벌어주기에 당신이 후회할 일을 줄여준다. 하지만 침묵이라고 해서 그저 입만 꾹 다물고 있는 걸 의미하는 건 아니다.

『적을 만들지 않는 대화법』의 저자이자 미국 비즈니스 커뮤니케이션 전문가인 샘 혼은 그의 책에 '둘 다 승리하는 상황을 만들고 싶어 침묵 전략을 동원했다'라고 기술했다. 시의적절한 침묵법은 아래와 같다.

▶ 의사를 딱히 결정하지 못했거나 생각이 정리되지 않는 상태에서는 함부로 말하지 않고 이런 말을 던져 시간을 구한다.

"제게 생각할 시간을 조금 주실 수 있을까요?"

▶ 누군가 묻지 않았다면 부정적 견해는 쉽게 입 밖으로 꺼내지 않는다.

▶ 역으로 상대방에게 질문을 토스한다. "○○님은 어떻게 생각하시는데요?"

▶ 매번 신속하게 결정을 내리는 건 어려운 일이다. 그럴 땐 가끔 솔직

하게 말하는 게 좋다.

"글쎄요, 딱히 떠오르는 메뉴가 없네요. 오늘은 대세를 따를게요."

▶ 협상할 때, 혹은 중요 사안을 결정할 때 상대방의 침묵을 견뎌라. 먼저 말했다가 후회하는 결과를 도출할 수 있으니 상대방의 발언을 기다리자.

▶ 화가 치밀거나 감정적일 때, 속으로 10초를 세며 침묵을 유지한다.

▶ 불편한 자리를 피하거나, 좋아하는 걸 하면서 주의를 전환하는 것도 좋은 방법이다.

'입을 다무는 방법을 배우기 전에는 제대로 말할 줄도 모른다.'라는 명언이 있다. '침묵'을 하면 내 생각을 정리하는 것만이 아닌 상대의 이야기를 경청할 수 있게 된다. 상대방의 의견을 경청하면 니즈ⁿᵉᵉᵈˢ를 파악하고 섬세하게 상황을 살필 수 있다. 때에 따라 적절한 침묵이 수려한 말솜씨나 강력한 자기주장보다 훨씬 쓸모 있다.

오늘부터 시의적절한 침묵으로 내 고유성과 소신을 지키며 상호 간의 의사소통을 나누는 관계를 만들어 가보면 어떨까. 침묵이 좋은 대화법 중 하나라는 진실을 몸소 깨치게 될 것이다.

"

시의적절한 침묵은 수려한 말솜씨나
강력한 자기주장보다 훨씬 쓸모 있다.
침묵은 내 고유성을 지키며
관계를 유지하는 좋은 대화법이다.

"

느리지만 진중하게 마음을 전하라

＊ 평소 말이 많은 사람은 하루 중 침묵하는 시간을 정하고 습관화시켜
본다. 예를 들면, 하루 중 명상, 기도, 일기를 쓰는 등 침묵할 수 있는
혼자만의 시간을 가지고 건설적인 특정 행동 패턴을 만들어본다.

＊ 화가 난 상태에서 침묵해야 하는 건 정말 어렵다. 그럴 때마다 이 명언
을 되새겨보자. '한순간의 분노를 참으면 오랫동안 근심 걱정해야 할
일을 면하게 된다.'『명심보감』中

＊ 협상할 때는 성급하고 감정적인 사람보다 차분하고 냉철한 사람이 승
자가 된다는 진리를 기억하자.

＊ 누군가 험담을 하다가 당신의 동조를 얻기 위해 묻는다면, 이런 식으
로 답하여 위기를 모면한다.

"저는 잘 모르겠어요."; "전 확실하게 들은 바가 없어요."

이 또한 적절한 침묵이다.

Episode 7 '감사의 힘'을 제대로 알고 하자

똑같은 일상을 반짝이게 하는
감사 일기

'감사 일기'를 쓰는 사람이 부쩍 늘었다. 그냥 일기도 안 쓰는데 무슨 감사 일기까지 쓰냐며 고개를 갸우뚱거리는 사람도 있겠지만, 이는 감사 일기의 위력을 모르기에 하는 말이다.

'감사 일기'가 지닌 힘은 무엇일까? 왜 많은 사람이 감사 일기를 쓰며 삶의 변화를 경험하게 되는 것일까? '범사에 감사하라'는 성경 구절처럼 왜 일상에서 감사함을 느끼며 살아야 하는지, 마지막으로 감사의 그 영묘한 위력을 전해주려 한다.

일상에서 흔히 범하는 감사 표현의 오류

강희와 하정, 두 사람 모두 일과 육아를 병행하는 워킹맘이다.

집안일과 회사 업무로 비슷한 일상을 보낼 것 같겠지만 두 사람에게는 큰 차이가 하나 있다. 하정은 여느 집 엄마처럼 집안일을 끝내고 아이를 재우다 같이 곯아떨어지며 하루를 마감한다. 일상이 이렇다 보니 하정은 늘 피곤에 찌들어 불평불만이 한 보따리다. 반면, 강희는 매일 자신만의 시간을 갖고 감사 일기를 쓰며 삶에 대한 감사를 묵상한다. 그러던 어느 날 두 사람은 점심시간에 짬을 내어 회사 옆 은행에서 개인 업무를 보았다. 월말이라 은행은 고객으로 붐볐고, 예상 대기 시간이 길어졌다. 한참 뒤 각자의 차례가 돌아왔다.

직원: 268번 고객님

하정: 어휴, 40분 넘게 기다렸네.

직원: 월말이라 고객이 많습니다. 오래 기다리셨죠? 죄송합니다.

하정: 점심시간 짬 내서 나온 건데 이렇게 오래 걸리니 곤란하네요. 적금 만기 해지하려고요. 좀 빨리 해주세요.

(업무 진행 후)

직원: 고객님 요청대로 기존 예금 통장으로 다 넣어드렸고요, 여기 처리된 영수증입니다.

하정: 다 된 거죠? 감사합니다.

직원: 네, 고객님 이용해주셔서 감사합니다.

직원: 269번 고객님

강희: 수고가 많으세요.

직원: 월말이라 오늘 고객이 많이 몰렸습니다. 많이 기다리셨죠?

강희: 아니에요, 저야 어쩌다 일 보러 오는 건데요. 적금이 만기 되어 왔어요.

(업무 진행 후)

직원: 여기 있습니다. 고객님 기존 예금 통장으로 다 넣어드렸고요, 처리된 영수증입니다.

강희: 월말이라 고생이 많으시네요. 신속히 처리해주셔서 감사합니다!

직원: 이해해주셔서 정말 감사합니다. 행복한 하루 보내세요!

똑같은 상황이지만 대화에서 많은 차이가 느껴진다. 하정에게선 다소 앙칼진 모습이 그려지고, 강희는 넉넉한 마음이 엿보인다. 두 사람 모두 마지막에는 '감사합니다'라는 예의를 표했으나 이는 똑같은 '감사'가 아니다. 하정이 말하는 감사의 인사는 사회에서 배운 교육으로 하는 인사치레였고, 강희가 말하는 감사에는 진정성이 담겨있다.

당신은 어떤 감사를 하고 사는가? 예의를 차리기 위해 의미 없이 내뱉는 인사치레의 감사를 하고 사는가, 아니면 진심 어린 감사 인사를 건네는가. 많은 현대인이 형식적인 감사 인사를 하거나 심지어 감사를 모른 채 살아간다.

그저 '감사합니다'라는 이 다섯 글자를 말한다고 상대방에게 감사가 다 전해지진 않는다. 진심 어린 마음이 담기지 않은 감사 인사는 진정한 감사라고 할 수 없다.

강희와 하정은 같은 상황에 놓였지만 일과 사람을 대하는 태도가 달랐다. 강희는 매사 긍정적인 면을 보려 하고 일상에서 감사를 찾는다. 하정은 평소 짜증과 불만이 몸에 배어 있다. 강희에게는 생활 속 행복의 온기가 느껴지고, 하정에게선 다소 부정적인 기운이 폴폴 풍긴다. **만약 당신이 이 둘 중 한 사람과 24시간을 보내야 한다면 누구와 함께할 텐가?**

긍정 에너지를 내뿜는 강희가 습관처럼 쓰는 '감사 일기'에는 비밀이 숨겨져 있다. **감사 일기는 일종의 잠재의식적 자기암시 행위이다.** 자기암시 행위는 그저 심리적 위로일까, 혹은 실질적 효과를 발휘하는 걸까?

올바른 감사가 뇌에 미치는 영향

국내 대학병원 연구팀이 '감사가 뇌에 미치는 영향'에 대해 실험한 결과, 부정적인 감정은 실험자의 뇌 활동을 급격히 변화시키면서 심박수를 증가시키고 스트레스 호르몬인 '코르티솔'을 분비했다. 반면 감사하는 감정을 느꼈을 땐, 평균 심박수가 차츰 줄어들고 측좌핵을 비롯한 뇌의 여러 부위에 걸쳐 있는 보상회로에서 '즐거움'을 뇌 곳곳으로 전달했다. 이로 인해 행복 호르몬이라 불리는 신경전달물질인 '세로토닌'이 분비되었다.

세로토닌이 늘어나면 기쁨과 행복, 즐거움, 생기, 편안함 등 긍정적 감정이 배가된다. 반대로 세로토닌이 결핍되면 짜증, 불안, 우울 등 온갖 부정적 감정에 시달리게 된다.

울산에 있는 한 초등학교를 대상으로 3개월간 온 가족이 함께 감사 일기를 쓰고 감사를 나누는 집단실험을 했다. 3개월 후, 학생들의 뇌 파동 검사를 한 결과, 부정 심리인 뇌 피로도 지수와 마음속 의심이 낮아지고, 긍정심리인 자기조절과 심신 균형 감각이 높아졌다. 즉, 감사하는 마음과 언어는 실질적으로 우리의 뇌 활동을 변화시키고 삶에 지대한 영향을 미친다는 사실이 과학적으로 입증된 것이다.

감사는 단순히 예의나 고마움을 표하는 것 이상의 의미와 힘을 가지고 있다. 평소 사소한 일에도 크고 작은 감사를 느끼면 당신의 뇌 활동이 변화하고, 그로 인해 발생하는 신경전달물질로 행복 지수도 비례하여 향상된다. 인간이라면 누구나 행복을 추구하며 살아간다. **지금 당신이 정말 행복해지고 싶다면, 자신의 삶 이곳저곳에 깨알처럼 숨어 있는 감사할 대상부터 찾아보자. 그리고 감사 내용을 세세히 기록하며 음미하라. 행복으로 물들어 있는 당신의 얼굴을 발견하게 될 것이다.**

진정한 감사로 '관계와 행복', 두 마리 토끼 잡는 법

감사 일기라고 거창하게 준비할 필요는 없다. 구석에 처박아 둔 안 쓰던 메모장에 끄적여도 좋다. 형식을 차리기보다는 실행에 옮기고 습관을 들이는 것이 더욱 중요하다.

감사 일기를 쓸 때는 주의사항이 있다. **감사를 피상적으로 적지 않는 것이다.** 즉, '남편이 저녁상을 차려줘서 감사합니다.'라고 쓰면 올바른 감사 일기가 아니다. 이 문장은 눈에 직접적으로 보이는 현상만 적은 내용이지 본질이 없다. 남편이 저녁상을 차려준 이유는 아마도 바쁘고 지친 아내를 위한 배려 아닐까. 감사 일기에는 상대의 행동에 녹아 있는 본질까지 생각하고 적어야 한다. 예를 들면 이런 식이다.

'오늘 하루종일 과중한 업무로 피곤했을 텐데도 날 위해 귀찮

은 기색 하나 없이 밝은 얼굴로 저녁 식사를 차려준 남편에게 감사합니다.'

고로 감사 일기는 5분 만에 후딱 써지는 게 아니다. **감사 일기를 쓰는 것은 상대방이 취한 행동의 이유, 동기, 행위가 지닌 가치와 존재 가치 등 그 본질을 반추하고 감사하며 기록하는 행위이다.**

삶에 있어 진정으로 감사함을 느끼는 태도는 손상된 관계를 회복시킨다. 더불어 자신의 인생이 기쁨으로 충만해지는, 나로부터 시작해서 나를 둘러싼 타인과 사회에까지 행복을 전이시키는 해피바이러스이기도 하다. 내가 행복하면 내 가족도 행복해지고, 나와 관련된 모든 이에게 행복이 일파만파 퍼진다.

감사할 게 딱히 떠오르지 않는가? 오늘 하루도 당신이 편히 숨 쉴 수 있는 공기가 있음에, 땅을 보며 터벅거리는 당신 머리 위로 따스한 햇살을 내리쬐는 태양이 있음에, 어둠 짙은 밤거리를 배회하는 당신에게 환하게 비춰주는 달빛이 있음에, 힘들 때 기댈 수 있는 사랑하는 한 사람이 있음에, 그리고 이 모든 걸 온몸으로 느낄 수 있는 나 자신의 존재에 감사해 보자.

당신 인생에서 행복을 향한 선순환 고리를 만들어주는 첫 단추는 '진심 어린 감사'에서 출발한다.

관계의 돈독함과 행복의 따뜻함을 양손에 담는 법

당연한 모든 것에 감사하라

  ✽ 소소한 것에서부터 감사할 줄 알아야 한다.

  ✽ 세상에 당연한 일과 당연한 존재가 없다는 진리를 묵상한다.

  ✽ 매일 감사 일기를 나름의 방식으로 적어본다.

    (앱, 메모장, 일기 등 수단은 각자 편한 걸 취한다)

  ✽ 앞서 본문에서 언급한 '감사 일기를 적는 올바른 방법'을 정독한 후,

    적용하여 감사 일기를 적는다.

  ✽ 하루 감사를 할 때마다 의식적으로 미소를 지어본다. 신체가 변화하

    면 그 변화에 따라 호르몬도 달라진다.

  ✽ 심장을 가장 편안한 상태로 유지해주는 감정이 '감사할 때'라는 사실

    을 기억하고, 힘들 때마다 하루 중 감사한 순간을 떠올리자.

  ✽ 평소 감사한 사람, 감사한 일을 회상하며 최대한 감사한 시간을 많이

    가지려 노력한다.

  ✽ '감사합니다'라는 말 자체가 감사한 게 아니라 내 마음을 담은 감사

    인사가 진정한 감사임을 상기한다.

[경계성 인격] 자가점검해 보세요

나는 매번 사랑을 확인하는
경계성 인격의 소유자일까?

☐ 감정의 기복이 심하다.

☐ 연인과 헤어지면 그 아픔을 씻어 줄 사람을 찾아 헤매고 상대가 약간만 나에게
친절해도 곧 호감을 느낀다.

☐ 마음이 허전하고 평소 즉흥적이고 충동적으로 행동하기도 한다.

☐ 헤어지자는 연인에게 매달리거나 이별을 막기 위해 극단적인 행동을 한 적이
있다.

☐ 교제한 사람과 헤어지면 한없이 우울해져 자살을 생각한 적이 있다. (또는 실제
로 시도한 적이 있다)

☐ 좋아했던 사람의 어떤 모습을 보고 마음에 들지 않으면 감정이 금방 식거나 그
사람이 서서히 싫어진다.

☐ 가끔 내가 쓸모없는 인간이라는 생각이 든다.

☐ 상대에게 버림받을 것 같은 불안을 느끼면, 내 선에서 먼저 감정을 정리해버리
기도 한다.

☐ 연인과의 약속이나 스케줄이 취소 혹은 변경되는 등 무언가 내 계획대로 되지
않을 때 걷잡을 수 없는 짜증이나 화가 치민다.

(4개 이상 - 경계성 인격일 확률이 높으니 본문의 처방전을 참고하세요.)

[의존성 인격] 자가점검해 보세요

나는 늘 '뭐든 괜찮아'라고 양보하는
의존성 인격의 소유자일까?

☐ 평소에 우유부단해서 혼자서 무언가 결정하는 걸 망설인다.

☐ 타인의 부탁이 난감할지라도 거절을 잘 못 한다.

☐ 내 의사와 다를지라도 타인의 의견과 대세를 묵묵히 따른다.

☐ 애인이나 배우자를 위해서라면 원치 않는 행동도 기꺼이 한다.

☐ 애인, 배우자, 타인 등 주변인의 신경을 거스르지 않기 위해 눈치를 많이 본다.

☐ 누군가 곁에 없으면 마음이 공허하고 의욕이 없어진다.

☐ 이별한 후 빈자리를 대신해줄 의존 대상을 찾으려 노력한다.

☐ 상대방에게 사랑받기 위해 내 권리나 의사를 포기한다.

☐ 상대방이 측은하고 안타까우면 쉽게 마음이 약해진다.

☐ 보험 계약, 물건값 대신 내주기, 돈을 빌려주기 등 타인을 돕고 싶다는 마음에 필요 이상의 선의를 베푼다.

☐ 뭔가 일이 잘못되면 내 탓이고, 내가 부족해서 나온 결과라고 판단한다.

(5개 이상 - 의존성 인격일 확률이 높으니 본문의 처방전을 참고하세요.)

[강박성 인격] 자가점검해 보세요

나는 한 치의 오차도 허용하지 않는
강박성 인격의 소유자일까?

☐ 매사 일을 완벽하게 하려다 시간의 부족을 겪는다.

☐ 무책임한 행동은 용서되지 않는다.

☐ 옳지 않다고 여기는 행동은 받아들이기 어렵다.

☐ 예의범절을 준수하고 엄격한 편이다.

☐ 리스크가 있는 투자보다는 안정성 있는 재테크를 선호한다.

☐ 약속을 못 지키는 사람과는 어울리기 힘들다.

☐ 고집이 세다는 소리를 많이 듣는다.

☐ 내가 확고하게 옳다고 생각하는 일에선 타협하지 않는 편이다.

☐ 나의 이익보다는 인간적 책임, 의리가 더 중요하다.

☐ 별것 아닌 일에 지나치게 집착할 때가 있다.

☐ 당장 눈앞에 떨어지는 이윤보다는 체면을 중요하게 여긴다.

☐ 맡게 된 업무나 학업에 한 번 집중하면 인간관계나 여가 등 다른 일에 신경 쓰기 힘들다.

(5개 이상 - 강박성 인격일 확률이 높으니 본문의 처방전을 참고하세요.)

[회피성 인격] 자가점검해 보세요

나는 누군가의 관심이 부담스러운
회피성 인격의 소유자일까?

☐ 새로운 일에 도전하는 게 부담스럽고 실패에 대한 불안감이 몰려와 지레 포기
하곤 한다.

☐ 사랑 고백을 받으면 부담스럽고 받아들이기 어렵다.

☐ 내 생각이나, 특히 기분, 감정을 표현하는 게 어색하고 부끄럽다.

☐ 누군가 내 말을 거절하거나 날 비방할까 봐 사람을 대하는 게 부담스럽다.

☐ 자신은 사람들이 좋아하거나 인기 있는 부류는 아니라고 생각한다.

☐ 상대방과 눈을 맞추며 이야기하거나 마주 보며 대화하는 게 익숙지 않으며, 누
군가와 몸이 닿는 걸 선호하지 않는다.

☐ 나와 코드가 맞지 않거나, 내게 호의적이지 않은 사람은 부딪히지 않도록 최대
한 피한다.

☐ 친한 사람과 지내면서도 행여 상대에게서 비난을 듣거나 미움을 사게 될까 봐
본래의 성격을 잘 드러내지 않으며 지낸다.

☐ 혼자 있고 싶은 마음에 가끔 약속 시간이 닥치면 이런저런 핑계를 대며 약속을
취소한다.

(4개 이상 - 회피성 인격일 확률이 높으니 본문의 처방전을 참고하세요.)

[편집성 인격] 자가점검해 보세요

나는 의심과 불신을 안고 사는
편집성 인격의 소유자일까?

☐ 기본적으로 사람을 믿기 어렵고, 돈이나 권력의 힘에 몰두한다.

☐ 가족, 친구, 지인도 못 믿는다. 이 세상에 믿을 사람은 오직 나 자신뿐이라고 생각한다.

☐ 나의 사생활을 남에게 잘 털어놓지 않으며, 과거도 딱히 밝히고 싶지 않다.

☐ 타인의 말에 쉽게 상처를 받고, 한 번 상처를 받으면 원한을 품은 채 분노가 오래간다.

☐ 애인이나 배우자가 외도하는 건 아닌지 종종 의심한다.

☐ 사람들이 수군대면 '혹시 내 험담을 하나?'라고 의구심을 품는다.

☐ 상대방이 뱉은 말이나 약속을 어기면 용납하기 어렵다.

☐ 필요한 상황이라면 타인의 약점을 이용해 공격한다.

☐ 누군가 날 비꼬거나 거절하면 화가 치밀어 오른다.

☐ 상대방이 한 말속에 나에 대한 어떤 부정적 의도가 있지는 않은지 곱씹어 생각하게 된다.

(4개 이상 - 편집성 인격일 확률이 높으니 본문의 처방전을 참고하세요.)

[가스라이팅] 자가점검해 보세요

나는 누군가를 강압적으로
통제하지 않을까?

☐ 자기 연민에 빠져 자신이 불쌍한 존재라고 여기며, 동정을 산다.

☐ 자꾸 상대방에게 눈치를 주고, 점점 요구사항이 늘어난다.

☐ 매사 자기중심적으로 사고하며 자기 생각을 상대에게 주입한다.

☐ 이야기와 행동에 일관성이 없다.

☐ 어떤 SNS도 하지 않는다.

☐ 상대의 모든 인간관계를 차단하도록 강요해 심리적으로 고립시킨다.

☐ 감정 표현에 솔직하지 못하며, 인간관계가 매우 협소하다.

☐ 주기적으로 끊임없이 상대방을 공격해 상대의 자존감을 무너뜨린다.

☐ 본인의 행동을 상대에게 투사한다. 예를 들면, 본인이 몰래 바람을 피우면서 상대의 외도를 의심한다.

☐ "당신한테 나밖에 없지. 나만큼 당신 생각하는 사람은 없어."라는 말로 구원해 줄 것처럼 말하며 의존하게 만든다.

☐ 습관적으로 거짓말을 일삼고, 약속을 지키지 않는다.

☐ 자신뿐 아니라 상대방의 외모에 집착하고 관리한다.

(5개 이상 - 누군가를 가스라이팅 할 가능성이 있으니 본문의 처방전을 참고하세요.)

[관계 중독] 자가점검해 보세요

나는 누군가에게 집착하는
관계 중독에 빠진 것은 아닐까?

☐ 누군가와 함께 있을 때만 행복하고, 살아있음을 느낀다.

☐ 조금 힘들더라도 인내하고 그 관계를 유지하는 게 혼자 사는 것보다 훨씬 낫다.

☐ 이성과의 사랑이 없는 인생은 상상조차 할 수 없다.

☐ 사이가 안 좋을 때, 화가 나기보다는 행여 이별을 선고받을까 봐 불안하다.

☐ 혼자 있는 시간을 온전히 즐기지 못한다.

☐ 싸우면 주로 먼저 사과하고 더 잘하겠다며 상대에게 매달린다.

☐ 연인이나 배우자가 내 삶의 중심이고, 연인이나 배우자가 없는 삶에서는 내가 살아야 할 존재 이유와 내 가치를 느끼지 못한다.

☐ 지금까지 누군가에게 먼저 이별을 말해 본 적이 없다.

☐ 관계에서 사랑하는 사람을 위해서라면 그가 원하는 건 뭐든 해줄 수 있어야 한다고 생각한다.

☐ 주변인이 날 위해서 내 연인에 대한 단점을 지적하거나 헤어지라고 조언해주지만, 결국은 그 말을 무시하고 관계를 이어간다.

☐ 평소 연인이나 배우자의 눈치를 많이 본다.

(5개 이상 - 관계 중독에 빠질 가능성이 있으니 본문의 처방전을 참고하세요.)

사람의 가치는 타인과의 관계로서만 측정될 수 있다.

_니체

사람을 대할 때는 불을 대하듯 하라.
다가갈 때는 타지 않을 정도로, 멀어질 때는 얼지 않을 만큼만.
_ 디오게네스